FREITAGS KOMMT DER KLÜTTENMANN

© 1986 Hermann-Josef Emons Verlag Köln
Alle Rechte vorbehalten
Umschlagfoto: Ute Kutschke
Umschlaggestaltung: grafik design Josef Schaller, 5000 Köln 1
Umschlaglithografie: Klaus Iller GmbH, 5000 Köln 1
Gesamtherstellung: Rudolf Künster Druckerei, 5470 Andernach 12
Printed in Germany
ISBN 3-924491-06-2

PETER MEISENBERG

FREITAGS KOMMT DER KLÜTTENMANN

REPORTAGEN AUS DEM KÖLNER ALLTAG

Mit Photos von:
Ute Kutschke - Hans-Günther Meisenberg
Almuth Pöhner - Uli Grohs

EMONS VERLAG KÖLN

Für das Kind von Gisela und Axel

INHALT

Jüppchen

Ein alter Mann ist stets ein fremder Mann,
Er spricht von alten, längst vergangenen Zeiten,
Von Toten und verschollenen Begebenheiten.
Wir denken: Was geht uns das an?

Ein alter Held ist nur ein alter Mann.
Wie uns die Gräber trennen!
Erfahrung war umsonst. Die Menschen starten für das Rennen,
Und jeder fängt für sich von vorne an.

Kurt Tucholsky, Oller Mann

Viele Gebäude der Riehler Heimstätten sind so alt wie ihre Bewohner und manche sind noch älter. Vor rund siebzig Jahren, im ersten Weltkrieg, waren die Riehler Heimstätten noch kein Altersheim, sondern ihre Häuser beherbergten Soldaten und hießen Barbara-Kaserne. So kommt es, daß, wenn Jüppchen heute aus seinem Fenster schaut, er gleich gegenüber auf die trotzig-kahle Fassade des Gebäudes sieht, in dem er 1918 als neunzehnjähriger Soldat »lag«, wie man im Militärjargon treffenderweise sagt: Infanterieregiment Nr. 65.

Das trostlose Haus, in dem Jüppchen heute lebt, heißt »P 1«, wobei das P für »Pflegestation« steht. Jüppchen will nicht wahrhaben, daß er ein Pflegefall ist. »Als ich hier reinkam«, erzählt er, »da hab ich zu der Schwester gesagt: die sind doch all verrückt hier! Wat soll ich hier? Da kann ich mich doch mit keinem Menschen vernünftig unterhalten! Und da hat die Schwester gesagt: Warten Se ab, in einem Jahr sind Se genau so verrückt wie die anderen auch.« Jüppchen kneift mit einem Anflug von Verbissenheit die Augen zusammen: »Genau so verrückt wie die anderen? Do han se sich ävver jeschnedde!«

Jüppchen fällt es schwer, in sich nicht mehr den Hundert-Kilo-Mann zu erkennen, der er einmal war. Er ist jetzt fünfundachtzig. Ein Darmleiden hat ihn zum Schatten abmagern lassen, ein Schlaganfall seine linke Hand fast gelähmt, er geht am Stock, humpelt. Vor fünf Jahren, nachdem Lilo, seine Frau, gestorben war, kam er ins Altersheim. Man könnte meinen: Jüppchen ist ein Rentner, wie es viele gibt. Doch Jüppchen ist kein Rentner. Jüppchen hat sein Leben lang keinen Pfennig in die Rentenkasse eingezahlt, denn Jüppchen hat nie gearbeitet. »Wenn ich dat Wort Arbeit schon höre, dann bricht mir der Schweiß aus«, ist einer seiner Lieblingssprüche, die er losläßt, wenn er, wie jeden Morgen gegen elf Uhr, mit kurzen, stockenden Schrittchen zum »Pörling« am Friesenplatz herein gehumpelt ist und sich kerzengerade auf die Eckbank gesetzt hat. Das erste Frühstückskölsch im »Pörling« ist, neben dem einen oder anderen Gespritzten, der dem ersten und dann dem zweiten und dritten Kölsch folgt, also überhaupt Kölsch und Gespritzte sind die einzige Nahrung, die Jüppchen noch zuträglich ist. »Ich hab mein Leben lang nicht jearbeitet«, teilt er jedem mit, der es hören will; und nach einer kleinen Kunstpause: »Ich han immer nur jemaggelt! Und dat ich dafür nur insgesamt zehn Monate in der Blech gesessen hab, dat ist doch en Leistung, oder?« Seine Stimme, wenn er so etwas erzählt, ist hoch, krächzig, die gebrochene Stimme eines alten Mannes. Alten Männern will niemand mehr so recht die Heldentaten längst vergangener Tage glauben. Ein alter Mann ist ein alter Mann.

Der starke, mutige, draufgängerische Mann − und all dies war Jüppchen einmal − ist ihm nicht mehr anzusehen, von seinen Taten kann er nichts weiter als erzählen, und schaut man Jüppchen an, wenn er erzählt, fällt es wirklich schwer sich vorzustellen, daß der früher einmal Bäume ausgerissen hat. Vielleicht deswegen flieht Jüppchen jeden Morgen um halb elf die Gemeinschaft der alten Männer in den Riehler Heimstätten und humpelt zum »Pörling« am Friesenplatz und später zum »Päffgen« auf der Friesenstraße. Denn hier kennen ihn alle noch, und alle wissen, wer Jüppchen einmal war. Den Männern im »Pörling« und im »Päffgen« braucht er nicht zu erzählen, daß er einmal Kölns größter Schmuggler war.

Auf der B 264 fahren wir von Köln in Richtung Düren. Jüppchen ist diese Strecke seit über zwanzig Jahren nicht mehr gefahren, immer wieder schüttelt er den Kopf, zieht hastig an seiner Zigarre und sagt: »Wat sich dat alles verändert hat! Ich kenn mich bald überhaupt nicht mehr aus!« Wir holpern über ein Bahngleis, die Schranken sind offen. Plötzlich erkennt Jüppchen den Bahnübergang wieder: »Hier haben die vom Zoll uns mal versucht zu stellen. Da kam ich mit meinem Chauffeur, dem Fandlers Hans, vollbeladen von der Grenze zurück. Und kurz vor der Schranke hier, da hielten die uns an, Gewehre im Anschlag, hinter uns auch welche. Ich sag zu dem Hans: Jev Jas! Und der gab Gas! Durch die Männer durch, durch die geschlossene Schranke durch, Kopf runter, hinter uns schossen die. Aber nix ist passiert, dem Auto auch nix, dat war ja schon die Zeit, wo wir die Autos gepanzert hatten. Ein paar Kilometer weiter sind wir dann von der Straße runter, bei nem Bauern rein und haben den Wagen abgestellt. Waren nur ein paar Blötsche dran.«

Die Geschichte muß Anfang der dreißiger Jahre gespielt haben, in einer Zeit, in der Jüppchen bereits groß im

10

Geschäft war, Herr über einen Park von gepanzerten Lieferwagen, die von seinen Chauffeuren gesteuert wurden. Er selbst leistete sich die elegantesten Limousinen. 1928 war es der Studebaker »Erscine«, »der tat damals schon 160 bringen!«. 1930 kaufte er sich den Jubiläums-Buick und später dann sogar den Acht-Zylinder Horch.

Angefangen mit der Schmuggelei hatte Jüppchen allerdings viel bescheidener. 1918 brach er nach zwei Jahren die Lehre beim Schweinemetzger Breuer auf der Poststraße ab und kam noch für sechs Wochen zu den Soldaten. Dann stand er auf der Straße. Jüppchen wußte sich schon damals zu helfen. Zuerst versuchte er es in seinem alten Beruf, denn es gab damals viel zu schlachten, schwarz, versteht sich. Und dann besann er sich darauf, daß er ja ein Fahrrad besaß. Dieses Fahrrad schob er bald Abend für Abend zum Hauptbahnhof. Dort ging Punkt 20 Uhr 20 der Zug nach Aachen, und mit Jüppchen stieg eine ganze Schar kölscher Schmuggler in diesen Grenz-Expreß. Jeder hatte sein Fahrrad im Gepäckwagen verstaut. Genau um Mitternacht war der Zug in Aachen, und die Schmuggler traten in die Pedale. Anderthalb Stunden später waren sie in Herzogenrath, und von dort ist es nur noch ein Katzensprung bis zur Grenze nach Holland.

Das Ziel der Schmuggler war Pannesheide. Pannesheide ist ein Ort, der durch eine Straße in zwei Hälften geteilt wird. Die östliche Hälfte ist deutsch, die westliche niederländisch. Gleich an dieser Straße, auf der westlichen Seite, war eine geräumige Kneipe der Treffpunkt der Schmuggler. Der Kneipenwirt hatte in einer Garage im Hinterhof all die Waren verstaut und gelagert, die Schmuggler-Herzen höher schlagen ließen; Kaffee und Tabak waren das vor allem. Ein Bier wurde getrunken, Geld über die Theke geschoben. Der Wirt ging mit nach draußen, beaufsichtigte das Beladen der Fahrräder, und morgens um fünf Uhr waren die Schmuggler wieder auf deutschem Boden. Von Pannesheide den Beckerberg hinunter, über Feldwege, die Satteltaschen voll Kaffee und Zigaretten. Geschnappt wurde damals selten einer, es war ein recht risikoarmes Geschäft; kostete nur die endlose Fahrt zur Grenze und die Strampelei auf dem Fahrrad. Der Gewinn, den man auf dem Gepäckständer eines Fahrrades erwirtschaften konnte, war allerdings nicht eben berauschend. Man mußte schon die Satteltaschen vollgepackt, den Gepäckträger hoch beladen und obendrein noch einen prallen Rucksack auf den Rücken geschnallt haben, um mehr als hundert Mark in einer Nacht zu verdienen. Viele der Kölner Schmuggler gingen dann auch, als sich die Zeiten normalisierten, wieder geregelteren Beschäftigungen nach. Jüppchen blieb bei der nächtlichen Radelei. Jüppchen blieb ein Schmuggler. 1922 überquerte er das erste Mal mit dem eigenem Auto den Grenzweg in Pannesheide.

Wir sind immer noch auf der B 264, durchqueren Golzheim. Jüppchen, des Hochdeutschen nicht mächtig, sagt »Golzem«. Am Ortsende packt er mich plötzlich am Arm: »Fahr hier mal rechts eran!« Wir halten vor einem Gasthaus. Es heißt »Golzheimer Hof«. Wir steigen aus, gehen hinein. In der Schankstube, gegenüber dem Eingang, sitzt ein kräftiger, schwerer Mann, an die siebzig schon. Es ist der Wirt. Er starrt mich an, dann fixiert sein Blick Jüppchen, der mit wachen, neugierigen Äuglein neben mir hereinhumpelt. Es dauert zwei, drei Augenblicke, dann hat der Wirt ihn wiedererkannt. »Dat ist doch dat Jüppchen!« ruft er, »dat Ööcher Jüppchen!« Und im nächsten Augenblick sitzen der Wirt und Jüppchen über Bier und Gespritztem, und es ist, als wäre Jüppchen immer noch der Schmuggelheld aus Köln. Für den bäuerischen Wirt war Jüppchen

12

eine schillernde Gangstergestalt aus der Großstadt: Draufgänger, Frauenheld, Millionär. Der Wirt kennt noch alle Autos, mit denen Jüppchen früher vorfuhr, kennt noch die Namen der Frauen, die der Schmuggler manchmal mitbrachte, die Namen der Chauffeure. Er erzählt von Jüppchens Heldentaten, so, als seien es seine eigenen gewesen und begeistert sich über die samsonhafte Kraft Jüppchens, als könne der heute noch Hufeisen über dem Tisch geradebiegen. Ja, er war dabei, hier in der Kneipe, als der Golzheimer Schmied es gewagt hatte, Jüppchens gewaltige Kraft anzuzweifeln. Jüppchen hatte den Schmied schweigend angeschaut, gab dann seinem Chauffeur ein Zeichen, und der brachte aus dem Wagen ein Montiereisen. Immer noch schweigend hatte Jüppchen die beiden Enden des Eisens in seine Fäuste genommen, sich dann zum Schmied heruntergebeugt und ihm das Eisen vors Knie gehalten. Mit einem plötzlichen, heftigen Ruck bog er ihm das Stück Metall ums Knie herum, so daß es festsaß wie eine Handschelle. Dem Schmied war der Mund offen stehengeblieben, und das einzige, was er sagte, war: »Wie krieg ich das denn wieder weg?« Der Wirt vom »Golzheimer Hof« könnte noch stundenlang weitererzählen, aber wir wollen ja noch zur Grenze.

Wirtshäuser wie das in Golzheim, Bauernhöfe am Rande der Straßen, die von der Grenze zurück in Richtung Köln führten, waren ein wichtiges logistisches Element im Leben des Schmugglers Jüppchen. Denn immer konnte es geschehen, daß er oder seine Fahrer verfolgt wurden, daß es dabei zu Karambolagen kam. Da war es unverzichtbar, alle paar Kilometer rechts oder links der Straße eine Station zu haben, wo man, mit abgeschaltetem Licht, urplötzlich von der Straße abbiegend, unterschlüpfen konnte. In der man die Ware verstecken, das Auto unterstellen und gegebenenfalls reparieren, in der man eine oder zwei Nächte in Sicherheit

14

verbringen konnte. Die Wirte und Bauern zwischen Aachen und Köln leisteten solche Dienste natürlich nicht gegen Gotteslohn. Sie waren mit im Geschäft, und vielleicht deshalb hatte der Golzheimer Wirt Jüppchen so gut in Erinnerung behalten.

Wir fahren durch Düren, und wieder sagt Jüppchen: »Fahr mal rechts ran!« Diesmal halten wir vor einem gepflegten Einfamilienhaus. Jüppchen erzählt, daß hier Fred wohne, Fred, ein Schmuggel-Genosse aus den dreißiger Jahren. Wir klingeln, es ist niemand zu Hause. Bewundernd zeigt Jüppchen auf das bronzene Türschild: »Der Fred, der hat et durch die Schmuggelei zu wat jebracht, der fährt auch den 350iger Mercedes!« Wir steigen wieder ins Auto, fahren durch Düren hindurch. Fast am Ende der Stadt halten wir noch einmal, diesmal vor einer Kohlenhandlung. Die gehörte einem anderen Kumpel aus vergangenen Tagen. Doch der ist schon lange tot. Wir bleiben im Auto sitzen, Jüppchen wollte mir nur das Geschäft zeigen, das sich der Freund zusammengeschmuggelt hatte, noch vor dem Krieg. Es gehört jetzt seinem Sohn. »Weshalb«, frage ich, »weshalb ist es den anderen so gut gegangen, weshalb haben die ihr an der Grenze verdientes Geld so gut anlegen können? Was hast Du mit dem Geld gemacht? Du warst doch mal Millionär!« »Ja, ja, bestimmt!« sagt Jüppchen. Und dann erzählt er Geschichten. Die Geschichte, wie ihn die Zöllner 1933 erwischt und, statt ihn ins Gefängnis zu stecken, ihm einfach eine Zollschuld von 700.000 Mark aufgebrummt hatten. »Von da an konnt' ich kein Geld mehr anlegen, ich mußte alles ausgeben!« Die Geschichte, wie er nach dem Krieg mit Lilo, seiner Frau, eine Fernfahrerkneipe aufgemacht und nach einem halben Jahr wieder zugemacht hatte. »Dat wor nix für mich! Ich bin keine Mensch, der irgendwo stillsitzen kann. Ich muß immer unterwegs sein!« Jüppchen,

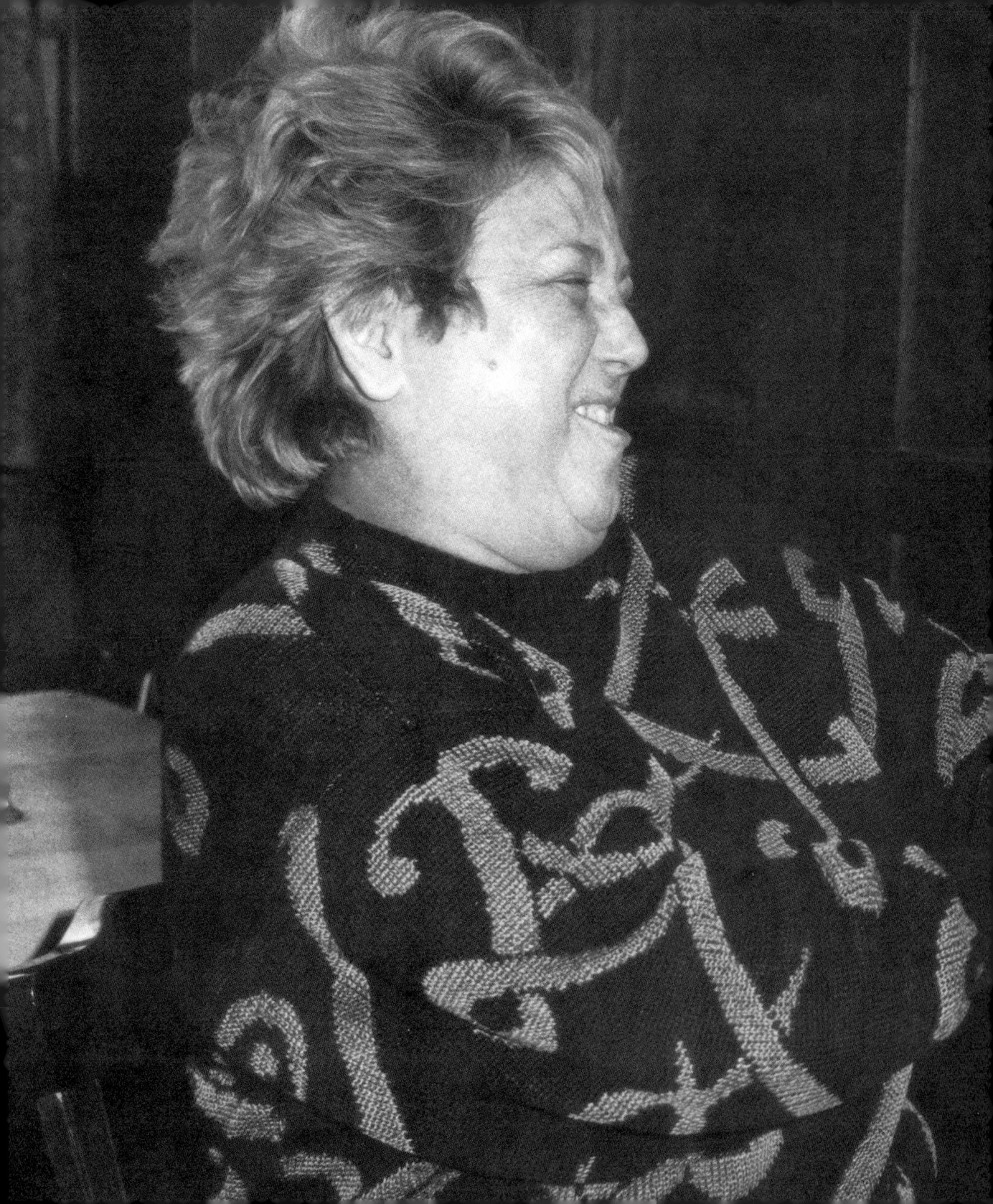

der Schmuggel-Millionär, bezahlt heute sein Bier beim »Pörling« und beim »Päffgen« von den hundertdreißig Mark Taschengeld, die es im Altersheim monatlich gibt.

Es ist ihm anzusehen, daß er Schmerzen im Magen, in der Darmgegend hat. Gekrümmt, nach vorn gebeugt, sitzt er im Wagen. Aber er klagt nicht, läßt sich nicht anmerken, daß es ihm nicht gut geht. Er hat den ganzen Tag noch nichts gegessen, nur die paar Bier und den Gespritzten getrunken. Die Bundesstraße führt weiter Richtung Aachen. Aber wir biegen rechts ab und fahren bergauf, kommen in ein kleines Dörfchen, Lucherberg. Mitten im Dorf ein großes Gehöft, Jüppchen streckt seinen Zeigefinger danach aus, und ich fahre unter der gewaltigen backsteinernen Toreinfahrt auf den Hof. Ein Bauer kommt uns entgegen, ein stämmiger Mann in Stiefeln, im blauen Arbeitsanzug, Anfang vierzig. Er beugt sich zum Wagenfenster hinunter, und auch er erkennt Jüppchen fast beim ersten Anschauen wieder. Es ist der Sohn von Mattes Hahn, einem der ältesten Freunde Jüppchens, und es sind fast zwanzig Jahre her, daß Jüppchen hier zum letzten Mal war. Mattes und Jüppchen lernten sich Ende der zwanziger Jahre in Aachen kennen, »in der Blech«, also im Gefängnis, wie Jüppchen später grienend zugibt. Er saß damals die ersten fünf seiner insgesamt zehn Monate Knast, wegen Zollvergehens, versteht sich. Mattes brummte, weil er zu ungeschickt eine seiner Scheunen »warm abgebrochen« hatte. Im Aachener Knast schlossen die beiden Freundschaft, und die Freundschaft hielt so lange, wie Mattes lebte, bis in die sechziger Jahre. Als sie entlassen wurden, hatte Berta, Jüppchens erste Frau, die Scheidung eingereicht, aber der Schmuggler hatte keine Lust, an »dem Theater« teilzunehmen und nach Köln zurückzukehren. Er blieb auf Mattes' Hof in Lucherberg, einen ganzen Sommer lang. Und Lucherberg sollte künftig seine wichtigste Station zwischen dem holländisch-belgischen Grenzland und Köln werden.

Wir sitzen mit dem jungen Hahn um einen Tisch herum auf dem Hof, trinken klaren Schnaps. Jüppchen nippt mit kleinen Schlucken an seinem zweiten Glas. Es geht ihm besser. Frech fragt er die Bäuerin: »Macht ihr hier eigentlich noch die Wurst selber? Die war immer eso gut!« Sie holt zwei dicke Würste — eine Blut- und eine Leberwurst — aus der Tiefkühltruhe. Jüppchen begutachtet sie fachmännisch, belehrt mich, daß es sich bei ihrer Umhüllung um Natur- und nicht um Kunstdarm handelt und sagt: »Die kanns du han, ich esse sujet jo nit mehr.« Wir gehen über den Hof, vorbei an den Schweineställen zur Scheune. Der Bauer öffnet eine Tür. Eine kahler, dunkler Bau, von dem aus eine Treppe in einen Keller führt. Hier unten war das Lager des Schmuggelkönigs, hier stapelten sich vor und nach dem Krieg dutzendweise Säcke mit Kaffee und Tabak. »Und 1938«, weiß der junge Hahn noch von seinem Vater, »da hattest du doch auch mal ne ganze Reihe Juden hier unten versteckt?« »Ja, ja«, Jüppchen nickt, »dat ist lange her.«

Wir sind durch Aachen gefahren. Hier kennt sich Jüppchen fast ebensogut aus wie in Köln. Aachen war einmal seine zweite Heimat. Hier hatte er seine zweite Frau, Elisabeth, »dat schönste Mädchen von Aachen«, kennengelernt und geheiratet. Jüppchen hatte nicht nur als Schmuggler Erfolg. Doch die Ehe mit dem »schönsten Mädchen« ging 1934 in die Brüche. Jüppchen behielt trotzdem in Aachen ein Zimmer, denn von hier aus ließen sich die nun immer verzweigteren Geschäfte in Antwerpen, in Brüssel und in Amsterdam zügiger abwickeln als vom grenzfernen Köln aus. In Köln bekam Jüppchen zu dieser Zeit den Namen: »Et Ööcher Jüppche«.

Von Aachen führt eine Straße in die Eifel hoch, nach St. Vith und Monschau, und weil diese Straße schier endlos bergan steigt, heißt sie die »Himmelsleiter«. Wir fahren die »Himmelsleiter« etliche Kilometer hoch, bis Jüppchen sagt: »Paß ens op!« Ich fahre langsamer, Jüppchens Augen glänzen, unruhig rutscht er auf seinem Sitz hin und her. Hier, erklärt er, auf beiden Seiten der Straße, das ist alles belgisches Gebiet! Die grüne Grenze! Wir nähern uns einem Bahnübergang. »Fahr ens rechts eran!« Wir steigen aus, gehen ein paar Schritte den Bahnkörper entlang. Die Geleise führen durch einen Wald und kurz bevor sie in einer Biegung verschwinden, ist ein kleines Streckenwärterhäuschen zu erkennen. Wir gehen darauf zu, und hier erfahre ich, was es mit den in Lucherberg versteckten Juden auf sich hatte.

Nach der sogenannten Reichskristallnacht, nach jener Nacht, in der SA-Horden die Synagogen angesteckt und unter dem Gejohle des arischen Pöbels die Schaufenster jüdischer Geschäftsleute zerschlagen und jüdische Bürger auf offener Straße verprügelt hatten, war es für die Juden in Deutschland nicht mehr möglich, einfach zu emigrieren. Sie bekamen kein Ausreisevisum mehr, kamen nicht mehr über die Grenzen. Nun gab es aber doch Fachleute auf dem Gebiet des Grenzübertritts, des illegalen. Fachleute wie zum Beispiel den Kölner Schmuggler Jüppchen, der die grüne Grenze und die verschlungenen Pfade um die Zöllner und Grenzposten herum kannte wie kein Zweiter! Vorurteile gegen Juden hatte Jüppchen nicht, und gegen die Nazis war er allemal. So wechselte er die Branche. Aus dem Kaffeeschmuggler Jüppchen wurde 1938 der Menschenschmuggler Jüppchen.

Die Initiative zu diesem Menschenschmuggel kam von Essers Franz, einem der Fahrer aus Jüppchens Schmuggelorganisation. Franz hatte nämlich eine Freundin, die hieß Fanny, und Fanny war Jüdin. Fanny wurde zur Anlaufstelle für Juden aus ganz Deutschland, die von Köln oder von

20

Aachen aus eine der letzten Chancen wahrnehmen wollten, dem Massenmord der Nazis zu entkommen. Fanny residierte in der Hermann-Becker-Straße Nr. 2, in der Küche von Essers Franz' Mutter. Von hier aus wurden Kontakte gemacht, wurden Unterkünfte besorgt, hier wurden die Transporte zusammengestellt. Klar, umsonst macht ein kölscher Schmuggler nichts, tausend Mark pro Person kostete die gefahrvolle Reise von Köln nach Antwerpen oder nach Brüssel. Ob tausend Mark damals viel Geld war, frage ich Jüppchen. Lakonisch, was sonst seine Art nicht ist, antwortet er: »Dafür, dat ich jedesmal den Kopf halb auf'm Schafott hatte, wenn ich fuhr, war dat nit viel Geld.« Dreihundert von diesen tausend Mark bekam der Kölner Fahrer, noch einmal dreihundert der belgische Fahrer und hundert Mark der Mann, der im Streckenwärterhäuschen neben der »Himmelsleiter« saß, dafür, daß er nichts tat. Den Rest steckte Jüppchen ein, der Chef und Koordinator der komplizierten Grenzaktionen. Abends, wenn eine solche Aktion losging, stand er mit seinem Wagen als erster am Treffpunkt, Eingang Melaten-Friedhof auf der Aachener Straße. Dann fuhr der Fahrer, Essers Franz oder Fandlers Hans, mit einem der gepanzerten Lieferwagen vor, in denen kurz zuvor noch Tabak oder Kaffee geschmuggelt worden war. Die Flüchtlinge kamen einzeln, und während Jüppchen das Gelände im Auge behielt, stiegen sie in den Lieferwagen ein, fünfzehn, zwanzig Personen pro Transport. Die Reise ging los. Nachts um ein oder zwei Uhr waren sie auf der »Himmelsleiter«. Meistens ging es gut, nicht immer.

Zweimal ist es zu Katastrophen gekommen. Treffpunkt war anfangs nicht der Melaten-Friedhof in Köln gewesen, sondern, weil näher zur Grenze, das Hotel »Schloß« in Aachen. Zweimal war von hier aus der Menschentransport ohne Schwierigkeiten über die Grenze gelotst worden. Als

22

Jüppchen eines Nachts vor dem Hotel vorfuhr, um die Leute abzuholen, konnte er nur noch mit ansehen, wie sie von der Gestapo abgeführt wurden. Beim nächsten im Hotel »Schloß« vereinbarten Treff das gleiche. Doch ein Schmuggler wie Jüppchen ist ein Mann von Welt. Und ein Mann von Welt hatte damals auch Kontakte zur Geheimpolizei. Jüppchen nutzte diese Kontakte, mied eine Zeitlang das Hotel und anderthalb Wochen später wußte er, daß es einen Verräter gab. Der Verräter hieß Fritz Oster und war Kellner im Hotel »Schloß«. Von da an starteten alle Transporte nur noch vom Melaten-Friedhof in Köln aus.

Im Sommer 1939 bekam Jüppchen dann noch einmal einen Tip: In der kommenden Nacht sollten verstärkte Grenzkontrollen die »Himmelsleiter« unsicher machen. Das erfuhr Jüppchen in Düren, zwanzig Menschen saßen im Transporter. Kurzentschlossen bog er in Lucherberg von der Straße ab und versteckte die Leute für zwei Tage bei seinem Freund Mattes in der Scheune, bevor er sie nach Belgien brachte.

Wir sind etwa 150 Meter den Bahnkörper entlang gestolpert und nähern uns dem Streckenwärterhäuschen. Jüppchen weist auf den Wald links von uns: »Natürlich sind wir damals nicht hier entlang, sondern durch den Busch da oben gelaufen, zwei Kilometer weit. Einmal ist ein Mann während der Fahrt von Köln hierher gestorben, den hab ich dann rübergetragen.« Vom Wald abwärts führt ein Pfad aufs Streckenwärterhäuschen zu, von dort dann entlang der Gleise, vielleicht zweihundert Meter, auf eine Straße. Hier stand der belgische Fahrer, der die Leute dann nach Brüssel oder Antwerpen brachte. »Belgien«, sagt Jüppchen, »war das einzige Land, wo wir Juden damals noch sicher hinbringen konnten. In Holland war das nicht möglich. In Amsterdam waren die zwar sicher, aber oft genug wurden die auf dem Weg dahin von der Polizei angehalten und zurück zur Grenze gebracht. Aber immerhin: fünfhundert oder sechshundert werden wir wohl damals hier rübergefahren haben.«

Wir fahren zurück nach Köln, diesmal über die Autobahn. Der alte Mann ist müde, die Fahrt hat ihn angestrengt. Ich frage ihn, was danach war, während des Krieges, nach dem Krieg. Er winkt ab: »Mit dem Krieg war es vorbei mit dem Schmuggeln.« Ende 1939 wurde er eingezogen, war zum zweitenmal Soldat: Fahrer beim Jagdgeschwader Mölders. Er zählt die Kraftfahrzeuge auf, die er da gefahren hat. Und ja, kurz vor der Einberufung hat er das dritte Mal geheiratet, die blonde Lilo. Nach dem Krieg? Nach dem Krieg hat er natürlich weitergeschmuggelt. Vor und nach der Währungsreform, ging das noch in dem großen Stil, den er gewohnt war. Und dann, in den fünfziger, sechziger Jahren? Seine Erzählung, für die Zeit vor dem Krieg präzise und voller Details, stockt, wird schwammig. »In Gold gemacht« habe er, die Schmuggelei hätte sich nicht mehr gelohnt.

Wir biegen auf den Friesenplatz ein. Jüppchen geht schon vor zum »Pörling«. Es ist früher Abend, und als ich nachkomme, sehe ich ihn mit ein paar Männern um einen Tisch herum sitzen. Er ist wieder munter, trinkt Kölsch, erzählt den anderen von seiner Fahrt zur Grenze und wie sich alles verändert hat in den letzten zwanzig Jahren. Die Männer hören zu, wissen auch noch die eine oder andere Geschichte von der Grenze, damals. Irgendwann sind sie alle einmal mit Jüppchen auf Kaffee-Fahrt gewesen. Schmuggler unter sich. Dann weist Jüppchen stolz auf die Plastiktüte, in der die beiden Würste stecken, die er für mich erbeutet hat. Ich muß die Würste herzeigen, die Kellnerin wird nach einem Messer geschickt, schließlich bleiben mir noch von jeder Wurst zwei winzige Enden. Schmuggler unter sich.

Unsere Alträucher

Dä ahle Krom dä es jetz jroß in Mode
Doröm es dä Alträucher
'ne Neureiche jewode.
Dä wonnt enem schöne jroße Bungalow
Un unse' ahle Spejel
dä hängk jetz op singem Klo.

Bläck Fööß

Es gibt in Köln drei Kategorien von Alträuchern. Nein, vier. Oder doch fünf. Je mehr Alträucher, deren Bekanntschaft ich einmal gemacht habe, mir Revue passieren, in um so mehr Kategorien erweitert sich meine Vorstellung vom Alträucher. Vom richtigen Alträucher. Von dem, der auf keinen Fall mit einem Antiquitätenhändler zu verwechseln ist. Den man also niemals auch für einen Apotheker oder für einen Juwelier halten könnte. Der keinesfalls seiner Kundschaft im Tweed oder Flanell entgegentritt.

Jedenfalls sind Alträucher Menschen, die genau wie ich nur vom Hörensagen wissen, daß Ming-Vasen ab siebeneinhalb- und Empire-Höckerchen ab dreieinhalbtausend gehandelt werden. Denn Alträucher handeln nicht mit Antiquitäten. Sie handeln bestenfalls mit Altertümchen, also wirklich noch mit Omas Pißpott. Und da sie mit Pißpötten und zerbrochenen Kronleuchtern und dergleichen handeln,

beruht der Charakter ihres Geschäftes nicht auf der spezifischen Atmosphäre, die gepflegte Antiquitäten ausstrahlen, sondern auf ihrer eigenen Persönlichkeit. Wahrscheinlich deswegen gibt es so viele Kategorien von Alträuchern. Und deshalb ist auch der Alträucher ein aussterbender Beruf. Man schaue sich nur einmal auf den Flohmärkten um! Wer glaubt, da noch irgendein Schnäppchen machen zu können, der muß sehr, sehr früh aufstehen. Denn all die Alträucher, die früher die Flohmärkte bevölkerten, haben sich mittlerweile in Antiquitätenhändler verwandelt. Bei denen geht eine abgebeizte Fichtenkommode aus Omas Beständen nicht mehr unter vierhundert Mark weg. Längst ist das sozusagen klassische Kölner Antiquitäten-Viertel St. Apern-Straße und Steinfelder Gasse weit durch die ganze Innenstadt expandiert, und selbst Karstadt und Kaufhof bieten mittlerweile Antikes feil.

Weil ich Geld nur in schnelle Geschäfte wie Bier und Flipper investiere und eine angeborene Scheu davor habe, mehr als hundert Mark auf einmal auszugeben, kam mir bisher noch nie die Idee, Antiquitäten anzuschaffen. Da ich trotzdem ab und an Bedarf an dem habe, was man langlebige Konsumgüter nennt, kam ich frühzeitig mit Alträuchern in Kontakt. Denn diesen Bedarf auf anspruchslose und zugleich originelle Art und Weise zu decken, ist die Aufgabe des Alträuchers.

Mein erster Alträucher war der Studenten-Lui auf dem Zülpicher Wall, gleich hinter der neuen Uni-Mensa. Ich brauchte einen Schreibtisch, einen möglichst großen, mächtigen Schreibtisch aus dunklem Holz; schließlich wähnte ich mich damals am Beginn einer wissenschaftlichen Laufbahn. Nach einem mittäglichen Mensa-Gang stand ich dann eines Tages, hundertfünfzig Mark in der Tasche, vor Luis Laden. Er war verschlossen. Und es sah so aus, als wenn er schon länger geschlossen wäre und nie wieder aufmachen würde. Zwei große eiserne Riegel sicherten die Türe, so als würden im Innern geheimnisvolle Kostbarkeiten gehütet.

Hineinschauen konnte man nicht. Die Scheiben waren geschwärzt von Staub und Dreck. Im Schaufenster lag zerbrochenes Gerümpel: Kerzenleuchter, Madonnenbilder, Kaffeekannen. Ich wartete, ging auf und ab an den halb verfallenen Häusern und Trümmergrundstücken vorbei, die hier das Straßenbild bestimmen. Lui tauchte nicht auf. So ging es mehrere Tage. Lui wurde zu einem Rätsel: Weshalb machte er den Laden nicht auf? Was trieb er? Ich war neugierig geworden, und statt mich anderswo nach einem Schreibtisch umzusehen, wartete ich weiter auf Lui.

Als ich mir eine Woche später wieder einmal die Nase an der Scheibe der verschlossenen Türe plattdrückte, stieß mich plötzlich jemand hart in die Seite. Es war Lui. Ein kleines altes Männlein. Er sah aus, als hätten böse Erfahrungen ihn verbittert. Er wirkte noch kleiner als er war, und seine hängenden schmalen Schultern und die lose herunterbaumelnden Arme gaben seiner Gestalt den Ausdruck eines deprimierten Hominiden. Ruppig sprach er mich an: »Wat willste?« − »Mal umsehen.« − »Umsehen jit et nit.« Pause. Lui trug eine schmutzige Baskenmütze, das Gesicht darunter zerfurcht von tiefen Falten und übersät mit schwarzen Mitessern. Ich muß ihn ziemlich dämlich angestarrt haben. Er drehte an Schlössern, knallte die beiden Riegel zur Seite: »Ich muß sowieso ens eren, do kannste jrad ens metkumme.« Endlich war ich in Luis' geheimnisvollen Verkaufsräumen. Zwei Zimmer, vollgepackt mit Mobiliar: auseinandergenommene Bettgestelle, Schränke, Tische, aufgetürmte Kommoden, Stühle. Ich rückte hier herum, da etwas zur Seite. »Mach he nix kapott, dat es alles wertvoll!« Lui, im Hintergrund, tat so, als suche er etwas. Ich entdeckte

einen Schreibtisch, nicht das, was ich suchte, dafür war er zu klein. Aber um eine Vorstellung von Luis Preisen zu bekommen, fragte ich ihn nach dem Wert des Stückes. Ich fiel fast in die verstaubten Kulissen, als er kurz und völlig uninteressiert »zweitausend« sagte. Mit einem Bilderrahmen für dreißig Mark und voller Ingrimm gegen den kleinen Halsabschneider verließ ich den Laden. Doch meine Neugierde überwog den Zorn. Welches Geheimnis hatte Studenten-Lui zu hüten? Weshalb war er so unwirsch und verprellte mögliche Kunden? Wie ein Privatdetektiv schlich ich durch den Zülpicher Wall und entdeckte – nichts! Lui hatte kein Geheimnis. Oder doch, ein kleines schon.

Nachdem ich es gelüftet hatte, habe ich so manches preiswerte Möbelstück bei ihm erstanden. Lui hatte nämlich sozusagen zwei Läden oder besser: einen Laden und ein Lager. In dem Laden, vor dem ich so oft vergeblich gewartet hatte, da hütete Lui, das glaube ich heute zu wissen, seine Kostbarkeiten, seine Lieblingsstücke, das, was ihm besonders wertvoll erschien. Weshalb, das bleibt wirklich sein Geheimnis.

Zwei Häuser neben diesem Hort der unbezahlbaren Altertümer gibt es eine breite Toreinfahrt, die in zwei hintereinander liegende Hinterhöfe führt. Meterhoch stapeln sich hier ausrangierte Betten, wackelige Tische und windschiefe Kommoden. Im ersten Hinterhof, Parterre, wohnt Lui mit seiner Frau. Kommt Kundschaft, verläßt er seinen Beobachtungsposten am Fenster und kommt mal nachsehen. Hier, in der Toreinfahrt, fand ich dann schließlich auch meinen Schreibtisch. Ganze achtzig Mark hat der Studenten-Lui mir damals für das Prachtstück abgenommen, an dem ich heute noch sitze. Im Hinterhof war Lui wie ausgewechselt: lustig, freundlich, ja sogar witzig. Selbst handeln ließ er mit sich, ging vierzig Mark von seiner ersten Forderung herunter. Und als wir einig waren, half er noch, das schwere Möbel aufs Autodach zu hieven.

Langlebige Konsumgüter, das sind ja nicht nur die Schreibtische, Küchenstühle und Kleiderschränke. Dazu gehören auch Fernsehgeräte, Kühlschränke, Elektroherde oder Waschmaschinen. Der echte Alträucher handelt gerade auch mit solcher Ware. Auf dem Gereonswall, in friedlicher Nachbarschaft zu den Halbweltkneipen, im Herzen von Klein-Istanbul, gibt es noch zwei oder drei dieser Sorte, und sie sind zuverlässiger und solider, als man nach einem Blick auf die Umgebung meinen könnte. Zugegeben, mein Kühlschrank hat unten Rost angesetzt, und der Herd funktioniert mittlerweile nur noch auf zwei Platten. Aber die beiden unentbehrlichen Gerätschaften verrichten bei mir auch bereits seit sechs Jahren ihren Dienst. Ganze hundertvierzig Mark zahlte ich damals für alles, und die Jungs vom Gereonswall, bei denen ich die Geräte kaufte, lieferten sie mir gegen fünf Mark Aufpreis auch noch frei Haus. Der Handel mit Gebrauchtem hat auf der Weidengasse Tradition. In den Läden, in denen heute unter rotem Halbmond vergoldetes Kaffeegeschirr und Eßbesteck, Tisch-Springbrunnen und Marmor-Feuerzeuge feilgeboten werden, dort war einmal das Handelszentrum dieser Zunft. Zum Beispiel Kleidung! Auch wenn ich nie Bedarf an getragenen Schuhen, ausgeleierten Zweireihern und tausendmal gereinigten Trenchcoats hatte. Aber, so attraktiv wie solcherlei Ware in Josefine Rohes Schaufenster drapiert war, da mußte ich schon als Schuljunge vor stehenbleiben.

1982 gab die alte Frau Rohe ihren wunderbaren Laden auf. Mit neunzig Jahren zog sie sich aufs Altenteil zurück. Ich war damals beim Ausverkauf dabei, und zum ersten Mal betrat ich das Innere ihres Ladens. Zwischen all den wild durcheinander aufgehäuften Schlipsen, Schuhen, Socken,

Hüten, Schirmen lagen noch so manche vergoldete Armbanduhr, fast neue Fotoapparate, gebrauchte Spazierstöcke, Pfeifen und sogar ein komplettes Gebiß.

Man sollte meinen, daß derjenige, der mit solchem Plunder handelt, das mit einem ausgesprochen problematischen Selbstwertgefühl tun müßte. Aber Josefine Rohe verkörperte alles andere als eine gedrückte Seele. Sie war stolz auf ihr Gewerbe: »Das ist jetzt seit 1918 mein Laden. Ich hatte immer ein eigenes Geschäft, auch als ich dann verheiratet war. Mein Mann? Der hat mich aus Liebe verlassen.« An durchhängenden verrosteten Eisenstangen hingen noch stattliche Reihen von Wintermänteln, imitierten Lederjakken, Anzügen, Kleidern, Röcken. In Regalen bis unter die Decke waren Schlittschuhe, Sandalen, Reitstiefel und einfache ausgetretene Straßenschuhe gestapelt. Der Ausverkauf ging schlecht. Türken sind wählerisch, und Türken waren seit Jahren Josefines Kunden, die einzigen. Jetzt, nachdem der trübe Schick der 50er Jahre Wiederauferstehung feiert, und für öde Pfeffer-und-Salz-Mäntel abenteuerliche Preise gezahlt werden, wäre Josefines Geschäft vielleicht noch einmal in eine Hausse geraten. Doch scheint es mit Alträuchern à la Josefine endgültig vorbei zu sein. Möge sie eingehen in den Himmel der Alträucher als die letzte Vertreterin ihrer Gattung.

Man wird es bemerkt haben: eigentlich mag ich, abgesehen von Kleidung, keine neuen Sachen. Wenn ich beispielsweise ein Nachttischlämpchen brauche, dann gehe ich immer zuerst zum Alträucher und schau mir an, was es da gibt. Das ist nicht nur eine Frage des Geldes. Bei Woolworth oder in der Kaufhalle gibt es sicherlich billigere Nachttischlampen als beim Alträucher. Aber das Nachttischlämpchen, das man beim Alträucher findet, das ist eben wirklich noch ein Nachttischlämpchen, hat ein originelles Ornament am Sockel, einen witzigen Schirm oder sonst etwas Unverwechselbares, das es liebenswert macht. Leute, die bei Alträuchern herumstöbern, haben, glaube ich, noch diesen sozusagen persönlichen Bezug zu Gebrauchsdingen, der ihnen nicht unbedingt Schönheit, dafür aber einen Hauch von Originalität abverlangt.

In der Palmstraße gibt es einen Laden mit dem Namen »Version originale«. Der Blick durchs Schaufenster eröffnet eine Sicht auf die Trostlosigkeiten der Wirtschaftswunderjahre. In dem kahlen Verkaufsraum sind sie alle versammelt, fein säuberlich geordnet. Ein junger Mann sitzt einsam in dem Geschäft, und wenn seine auf Kreppsohlen hastig die Regale abschreitende Kundschaft ihn nicht zufällig einmal abhält, schaut er auf die andere Straßenseite. Dort steht eine Ladentüre offen, meistens den ganzen Tag.

Kunden, alte und junge, Nachbarn, Freunde und Bekannte des Besitzers gehen aus und ein, und über der Ladentür hängt ein buntes Schild: »Hans Becker – Trödel und Kurioses«. Hier organisieren die Altertümchen mit dem Alträucher in ihrer Mitte einen Lebenszusammenhang. Daß es den da gibt, daß da Leute zusammensitzen, Schwätzchen halten und nicht nur kaufen, das liegt einerseits an den Kuriositäten, die dort umgeschlagen werden. Nicht daß diese etwas Besonderes wären. Im Gegenteil: es ist tatsächlich nichts weiter als Trödel, wenn sich auch ab und zu wirklich brauchbare Dinge darunter finden lassen. Aber erst Hans Becker gibt all diesen verstaubten Dingen die Aura, die sie zu etwas Besonderem werden läßt. Alleine schon wie er handelt! Sagt er »vierzig«, dann ziehe ich einen Zwanziger heraus. Das mache ich immer so, denn das Überreichen eines Geldscheines löst beim Verkäufer einen Greifimpuls aus, der in ihm die Bereitschaft wachsen läßt, das Angebot zu akzeptieren. Nicht so beim Beckers Hans. Er schaut dann

34

gar nicht auf den Geldschein, sondern mir in die Augen, und sein Gesicht nimmt den Ausdruck an, den man bei einem Cocker-Spaniel beobachten kann, wenn man ihm den Futternapf wegnimmt. Dann wendet er sich ab, seine ganze Körperhaltung drückt nun einen Zustand tiefster Verbitterung aus, und mit brechender Stimme sagt er: »Peter!« Das reicht dann meistens, und ich lege noch einen Zehner zu.

Reich, wie die »Bläck Fööß« meinen, wird bestimmt so mancher Alträucher; die nämlich, die sich in Antiquitätenhändler verwandelt haben. Ob der Beckers Hans mit seinen 78 Jahren zu Reichtümern gekommen ist, daran zweifle ich. Zum Reichwerden gehört ein hartes Herz. Davon kann beim Hans nicht die Rede sein. Wer hartherzig ist, der muß »nein« sagen können. Und das kann der Beckers Hans nicht. Zweimal die Woche kommt der »Hoflieferant«, ein schon betagter, glatzköpfiger und nach Bier riechender, ja man muß sagen: Alträucher. Der führt seine Altertümchen allesamt in einem hochbeladenen Kinderwagen bei sich, den er zu Sperrmülltagen in der Marienburg, Rodenkirchen und Lindenthal immer wieder auffüllt. Und wenn er dann in den Kinderwagen greift und den oft schrottreifen Inhalt vorm Beckers Hans ausbreitet: »Nein« sagen, kann der Hans nicht. Und so kommt es, daß sein Laden überquillt von Trödel, den so recht niemand kaufen will. Doch bei einem Alträucher kommt es, wie gesagt, erst in zweiter Linie auf die Qualität seiner Altertümchen an. Worauf es ankommt, ist, daß der Alträucher »Häz« hat.

Neulich hab ich noch einmal beim Studenten-Lui vorbeigeschaut. Dem ist das Alträucherherz inzwischen fast gebrochen: »Ich könnt mich in den Hintern beißen«, sagte er, »dat ich euch damals der ganze Kram fast umsonst gegeben hab. Ich darf gar nicht daran denken, wat ich heut dafür kriegen könnte.«

36

Plisch und Plum
und die Schwarze Ökonomie

Plisch und Plum, wie leider klar,
Sind ein niederträchtig Paar;
Niederträchtig, aber einig,
Und in letzter Hinsicht, mein ich,
Immerhin noch zu verehren;
Doch wie lange wird es währen?
Bösewicht mit Bösewicht –
Auf die Dauer geht es nicht.

Wilhelm Busch, Plisch und Plum

Plisch und Plum gibt es nicht nur einmal. Es gibt auch ganz verschiedene Versionen dieses Pärchens. Einmal natürlich das Ur-Paar, Wilhelm Buschs »Quadrupeden«, der eine dick, der andere dünn. Zwei Hunde-Bösewichter, die, nachdem sie ihre Umwelt eine Zeitlang terrorisiert hatten, es doch noch zu einer wohldotierten Stellung bei einem englischen Gentleman brachten. So ist die Urversion des Paares zunächst also *böse, schwarz*. Die *gute* Version des ungleichen Paares ist neueren Datums. Die Inkarnation der *weißen* Plisch und Plum verkörperten zu Zeiten der »großen Koalition« zwei Politiker. Da drückten der dicke Franz-Josef Strauß und der dünne Karl Schiller gemeinsam die Regierungsbank und hielten als Finanz- und Wirtschaftsminister die ökonomischen Geschicke des Landes in ihren vier Händen. Naturgemäß besteht zwischen den weißen und den schwarzen Plisch und Plum ein Konkurrenzverhältnis. Hät-

37

ten die weißen Plisch und Plum der Großen Koalition bereits etwas von der Existenz der beiden schwarzen Plisch
und Plum und ihrer Schwarzen Ökonomie gewußt, mit
Sicherheit wären sie mit ihnen so verfahren wie weiland
Kaspar Schlich:

Wozu – lauten seine Worte –
Wozu nützt mir diese Sorte?
Macht sie mir vielleicht Pläsier?
Einfach nein! erwidr' ich mir.
Wenn mir aber was nicht lieb,
Weg damit! ist mein Prinzip.

»Plisch«, meldet sich eine unwillige Stimme am Telefon.
»Spreche ich mit Herrn Plisch?«
»Hab ich doch gesagt.«
»Spreche ich mit der Autoreparatur-Werkstatt ›Plisch &
Plum‹?«
»Nein, noch nie was von gehört.«
»Aber ich spreche doch mit Herrn Plisch?« Keine Antwort.
»Herr Plisch?«
»Ja.«
»Herr Plisch, ich habe ein Problem an meinem Auto …«
»Das tut mir aber leid.«
»… Und da möchte ich Sie fragen, ob Sie mir vielleicht
helfen können?«
»Was fahren Sie denn für einen Wagen?«
»Einen VW-Passat.«
»Dann rufen Sie doch am besten bei Fleischhauer an, die
werden Ihnen bestimmt weiterhelfen.«
»Aber ich dachte, Sie könnten mir vielleicht …?«
»Ich repariere keine Autos.«
»Aber man hat mir doch gesagt, daß Sie …«
»Da hat man Sie eben auf den Arm genommen, nehmen
Sie's nicht so schwer.«
»Also, dann entschuldigen Sie vielmals.«

Wütend legt der weiße Plisch den Hörer auf die Gabel seines schwarzen Diensttelefons zurück. Das schwarze Diensttelefon des weißen Plisch steht im vierten Stock eines klotzigen Gebäudes am Rothgerberbach. Das Gebäude ist das Finanzamt, und auf der Tür, hinter der der weiße Plisch soeben mit der Faust erbost auf den Schreibtisch schlägt, steht »Steuerfahndung«. Am anderen Ende der Leitung hat die schwarze Faust des schwarzen Plisch behutsam ein ehemals weißes, mittlerweile eher graues Telefon in eine öl- und schmutzsichere Ecke zurückgestellt, gleich neben ein Regal, in das Dutzende von Auto-Glühlämpchen gestapelt sind. Das Regal und das grau-weiße Telefon könnte man in der Ecke einer geräumigen Garage finden. Dazu brauchte man aber viel Zeit, denn die Garage verbirgt sich in einem dichten Gestrüpp wildwachsender Brombeerhecken, umstellt von alten, hochwachsenden Birnbäumen, am Rande einer heruntergekommenen Schrebergartenkolonie, irgendwo am Stadtrand der großen Stadt Köln.

»Mach voran!« tönt eine Grabesstimme aus dem Inneren der Garage, »der Kunde kommt um fünf, und du mußt noch die Ventile einstellen.« Die dumpfe Stimme gehört Plum. Plum ist nicht zu sehen, denn Plum steht in einer Grube unter einem VW-Golf und zieht soeben die Schellen der Auspuff-Anlage an. »Mach mich nicht an!« zischt der schwarze Plisch zurück, der gerade die Lehre aus einem stählernen Schrank zieht, »irgendeiner muß ja wohl für die Kunden am Telefon sein, oder?«

Alltag in der Autoreparatur-Werkstatt »Plisch & Plum«, die keine Autoreparatur-Werkstatt ist. Sie existiert – eben haben wir's aus Plischs eigenem, Marlboro paffenden, öl-verschmierten Mund selbst gehört – sie existiert überhaupt nicht. Eine Autowerkstatt, eine wirkliche Autowerkstatt, die es überhaupt nicht gibt? Ist das nicht Schwarze Magie?

Nein! Das ist Schwarze Ökonomie! Von größerem Bekanntheitsgrad unter dem Begriff »Schattenwirtschaft«. Aber bleiben wir bei dem Attribut »schwarz«. Plisch und Plum sind von oben bis unten schwarz, schwarz von altem Autoöl, ebenso wie ihre Seele schwarz ist, schwarz wie ein nächtlicher Schatten, schwarz wie die Schattenwirtschaft.

Plisch und Plum, weil ohne Sitte,
Kommen in die Hundehütte:
Seht, da sitzen Plisch und Plum
Voll Verdruß und machen brumm!
Denn zwei Ketten, gar nicht lang,
Hemmen ihren Tatendrang.

Ein Schattenökonom ist ohne Sitte, ist ohne Moral. Er betrügt den Staat, er betrügt unser gutes altes Handwerk, betrügt den kleinen Steuerzahler, weil er sich der Gewerbesteuer entzieht, überhaupt jeder Steuer, er betrügt die Sozialversicherungen, kurz, er betrügt uns alle! Plisch und Plum, die Schwarzen, führen in der Tat eine nichtswürdige Existenz. Gegen halb elf morgens erst bequemen sie sich aus ihren Lotterbetten, die sie mit Damen teilen, die – wie könnte es anders sein – ebenfalls in einem nicht existierenden Wirtschaftszweig ihr Auskommen finden. Mit diesen Damen und mit einigen anderen schwarzen Existenzen versammeln sie sich gegen halb zwölf – es ist heller Tag – zum Frühstück. Und zu welch einem Frühstück! Während der anständige Handwerksgeselle fünf Stunden zuvor – soeben graute der Morgen – eine halbvertrocknete Scheibe Schwarzbrot mit dünnem Kaffee hinunter zu spülen gerade noch Zeit fand, um dann trotzdem um dreieinhalb Minuten nach sieben vom Meister wegen Zuspätkommens angezischt zu werden, ist Plisch und Plums Frühstück mehr als fürstlich. Schon daran, daß sie sich fast zwei Stunden Zeit dafür lassen, ist das ganze Ausmaß ihrer Niedertracht abzulesen.

41

Oh nein! Nicht, daß wir sie in irgendwelchen Wohngemein-
schaftsküchen herumsitzen sähen. Sie gehen aus zum Frühstück. Täglich. Seit Jahren! Im Süden der Stadt kehren sie
allmittäglich ein in das Restaurant einer Dame mit französi-
schem Akzent, lassen sich zum Wachwerden provencali-
sches Obst und später kalte gebratene Hähnchen aus Brest
reichen, und Plum schüttet zum Entsetzen der französischen
Dame statt des zweiten Kaffees bereits die sechste Dose
Cola in sich hinein. Um halb eins dann endlich − der tüch-
tige Geselle im blauen Overall bei Fleischhauer stürzt gerade völlig erschöpft zur Mittagspause − begeben sich Plisch
und Plum gemächlich zu ihren Autos, um sich auf den Weg
in die Schrebergartenkolonie zu machen.

Es ist klar, daß den weißen Plisch und Plum so etwas ein
Dorn im Auge ist. Deshalb sind die unausgesetzt unterwegs,
um die schwarzen Plisch und Plum an die Kette vor eine
Hundehütte namens Fleischhauer oder Maletz zu legen.
Was die weißen Plisch und Plum an den schwarzen Plisch
und Plum aber am meisten ärgern muß, ist, daß deren um
die Mittagszeit einsetzender Tatendrang überhaupt keine,
nicht die Spur einer positiven Wirkung in den Statistiken der
weißen Ökonomie zeigt. Und darum gehts den weißen Quadrupeden, denn schließlich lebt die weiße Ökonomie vom
Wirtschaftswachstum.

Während sich ein weißer Plum vor dem Finanzamt an der
Inneren Kanalstraße schwerfällig in seinen Dienstopel
quetscht, um in Nippeser Hinterhöfen nach Niederlassun-
gen anderer schwarzer Ökonomen zu fahnden, ist der
schwarze Plum bereits auf dem Weg von der Schrebergartenkolonie nach Vogelsang. In Vogelsang befindet sich das
Ersatzteillager der »Plisch & Plum« Autowerkstatt: Schrotthändler. Schrotthändler sind nicht unbedingt schwarz, auch
wenn sie offiziell meist keine Einnahmen zu verzeichnen

haben. Es gibt eine Reihe korrekter Schrotthändler, und nur zu solchen fährt Plum. Denn das ist das A und O seiner schwarzen Ökonomie: die Ersatzteile müssen einwandfrei sein, und sie müssen billig sein. Während der fleißige Geselle im blauen Overall in der großen weißen Autoschmiede lediglich kaputte Teile gegen neue, teure Teile austauscht, muß der schwarze Plum einigen Erfindungsgeist aufbieten, um mit gebrauchten Teilen den gleichen Effekt zu erzielen.

»Ich brauch 'nen Audi-80-Motor.«

»Hab ich nicht.«

»Was haste denn?«

»Nimm den 75-PS-Golf.«

»Da muß ich doch 'ne andere Ölwanne und 'nen anderen Vergaser dranbasteln.«

»Audi hab ich nicht.«

»Also, wieviel?«

»Vier Scheine, wie immer.«

»Ist der auch okay?«

»Der ist astrein. Auf allen vier Pötten volle Kompression.«

»Ist gekauft. Und wenn der nix ist, dann werf ich ihn dir durchs Fenster.«

»Geht klar. Paul!« ruft der Mann mit der Zigarre, den Kopf ein wenig zum Fenster hindrehend. Paul erscheint in der Tür des Schrotthändler-Büros. Die schwarze Version des tüchtigen Mechanikers, der sich eben in Fleischhauers Kantine den Bauch mit Kartoffelpüree füllt. Paul reißt hier am Tag drei bis vier Unfallwagen auseinander und stapelt deren Innereien fein säuberlich in Regalen neben dem Büro. Klar, daß man bei solch einer Arbeit nicht sauber bleibt. Pauls Overall steht im Gegensatz zu dem des Fleischhauer-Gesellen vor Schmutz, Öl und Fett. Aber Paul ist nicht träge, rackert für drei Scheine in der Woche von morgens bis abends und bringt jetzt prompt den Golf-Motor auf einem kleinen Handwägelchen. Der Schrott-Boss schaut sich nicht um, läßt die Füße auf dem Schreibtisch, kassiert von Plum, ohne die Zigarre aus dem Mund zu nehmen, vier Hundertmarkscheine und weist dann mit dem feisten Daumen über seine Schulter: »Paul bringt ihn dir zum Wagen.«

Plums Diesel schraubt sich mit tiefhängendem Heck die Auffahrt zur Schrebergartenkolonie hoch, dreht eine Kurve und setzt dann rückwärts in den schmalen Weg zur Werkstatt. Plisch sitzt auf einer alten Batterie, raucht und unterhält sich mit einem Kunden. Sie trinken Kaffee. Kaffee ist die Seele der »Plisch & Plum« Autowerkstatt. Eine Kaffeemaschine steht im Zentrum des als Büro verwendeten Bretterbüdchens. Milchdosen und Kartons mit Würfelzucker daneben, an der Wand ein Spender für Einwegkaffeetassen aus Plastik. Ein riesiger Berg von Lappen, tausend Ersatzteilchen in allen Ecken, Bücher mit Reparaturanleitungen, alles gleichmäßig mit einer Schicht von Altöl bedeckt.

Der Kunde, mit dem Plisch soeben plauscht, ist Lehrer, und er hat mit den weißen Autoreparatur-Werkstätten die allerschlechtesten Erfahrungen gemacht. Zweimal eine neue Kupplung, und immer noch klemmen die Gänge! Der kleine schwarze Plisch breitet die Arme aus und zieht die Schultern hoch, als wolle er sagen: »Warum bist du denn nicht gleich zu uns gekommen?« Dann erklärt er dem aufmerksam lauschenden Pädagogen, daß der Fehler überhaupt nicht an der Kupplung lag. Er steht auf und demonstriert dem Staunenden an einem ausgebauten Motor, was da nicht funktionierte: »Das kostet an Ersatzteilen dreißig Mark. Arbeit, na sagen wir, hundert, macht zusammen hundertfünfzig.« Dankbar wie ein Beagle klappt der Lehrer, der in der weißen Kfz-Werkstatt für den zweimaligen Kupplungsaus- und -einbau achthundert Mark losgeworden war,

die Augenlider rauf und runter. Sensibel seufzt er: »Weißt du Plisch, zur Autoreparatur zu fahren, ist für mich, wie wenn ich zum Zahnarzt gehe – Vertrauen ist alles!« – »Kannst deine Kiste morgen abholen«, sagt Plisch, »und keinen Scheck, wir haben nämlich kein Konto. Cash, klar?«

Plisch ist sozusagen die ökonomische Seele der Werkstatt, weiß Gott, eine schwarze Seele. Das Handeln und Feilschen scheint ihm angeboren. Plisch fordert keck und hält frech die Hand auf. So kaltschnäuzig und beweglich sein Mundwerk ist, so elastisch und flink ist der ganze kleine Kerl. Er schreitet nicht durch die Werkstatt wie der gewaltige Plum, nein, er hopst und purzelt um die Autos herum, springt wie ein Dilldop, bastelt, flickt, um im nächsten Augenblick die eine Arbeit fallen zu lassen und sich der nächsten zuzuwenden. Nicht daß er nicht auch sorgfältig arbeiten könnte, das kann er vor allem dann, wenn Plums dicker schwarzer Zeigefinger ihm den Platz unter einer Motorhaube zuweist.

Ohne den mächtigen Zweieinhalbzentner-Mann Plum wäre »Plisch & Plum« eben keine richtige Autoreparatur-Werkstatt, denn dazu gehört der detailverliebte Spürsinn für all die verzwickten mechanischen Tücken, die in halbverrosteten Automobilen schlummern können. Und genau den hat Plum. Dazu gehört absolute Gelassenheit. Und die hat Plum. Bringt ihm ein Kunde ein Auto, schaut Plum den Wagen erst einmal an. Aus der Ferne sozusagen ruht sein Blick auf dem Gefährt, so als wolle er sich mit dem Wagen erst einmal bekannt machen. Hört der Kunde dann endlich Plums: »Mach mal die Haube auf«, dann weiß er, Plum hat sich der Sache angenommen, und er weiß, in Plums überaus schwarzen Pfoten wird sie reifen. Der kleine Plisch und der große Plum, sie ergänzen sich in geradezu idealer Weise: Jeder der beiden verfügt in ausreichendem Maße auch über

die wesentlichen Eigenschaften des anderen, und das macht
sie so erfolgreich.

Bald sind beide kunstgeübt,
Daher allgemein beliebt,
Und, wie das mit Recht geschieht:
Auf die Kunst folgt der Profit.

Bei Plisch und Plum Kunde zu werden, ist nicht leicht. Ist
man durch irgendeinen Zufall an ihre Telefonnummer gekommen, und das kann nur durch Zufall geschehen sein,
denn im Telefonbuch sind sie nicht zu finden, wird das wenig
nützen. Riefe man einfach an, erginge es einem wie dem
weißen Plisch, man würde kurz und trocken abserviert. Um
Kunde zu werden, bedarf es einer langen Stafette von
Freunden, Freunden von Freunden und wiederum deren
Freunden. Die sind dann vielleicht auch Freunde von Plisch
& Plum. Ohne zumindest zwei solcher Gewährsleute läuft
man bei den schwarzen Ökonomen in der Schrebergartenkolonie glatt vor die Mauer. Hat man's dann aber endlich
bis ins Allerheiligste der Schrebergartenkolonie geschafft,
ist das Auto fast so gut aufgehoben wie in Abrahams Schoß.
Nicht daß es hier umhätschelt würde wie ein Baby, nicht daß
jeder Abdruck von Plums schwarzen Ölfingern auf der Motorhaube von Plisch gleich mit einem weißen Lappen wegge-
wischt würde − das ist ja auch nicht der Sinn der schwarzen
Ökonomie. Plisch & Plums Werkstattphilosophie läuft auf
den einen Satz hinaus: Autos sind dazu da, daß sie fahren.

Es ist klar, daß Fahrer von weißen Golf GTI's, 190iger
Mercedes mit Alufelgen oder Alfa Romeos der letzten fünf
Baujahre nicht den Weg zur Schrebergartenkolonie finden.
Plisch & Plum sind spezialisiert auf Fahrzeuge, und zwar
Fahrzeuge aller Marken, die für eine weiße Werkstatt das
Zeitliche eigentlich schon gesegnet haben und dort mit
einem verächtlichen Seitenblick von »antik« bis »Schrott«

eingestuft würden. Aber gerade solche Mülleimer sind es, die dem dicken großen Plum und dem kleinen windigen Plisch am meisten Spaß machen. Und ohne Spaß machen sie keinen Finger krumm. Sensibelchen, Hyperempfindliche, Klapperneurotiker machen ihnen keinen Spaß. Jemand, der ankommt und klagt: »Da vorne klappert irgendetwas«, hat keine Chance, daß Plum eine Hand rührt. »Was erwartest du denn von einem Auto, das zehn Jahre alt ist?« Und Plisch setzt noch eins drauf: »Fahr damit! Fahr solange, bis es wirklich kaputt ist, dann kannst du nochmal vorbeikommen.«

Spaß haben Plisch und Plum vielmehr an heimtückischen Vergaserproblemen: »Bring die Kiste morgen Mittag vorbei, dann kannste sie abends wieder abholen.« Und dann nimmt Plum den Vergaser raus, schraubt ihn auseinander, schaut nach und tüftelt und bastelt, schraubt und schweißt solange, bis das Ding wieder funktioniert. Das kostet natürlich Zeit, und Plum und Plisch setzen ihren Stundenlohn wahrlich nicht auf Hilfsarbeiterniveau an. Statt Ersatzteile reinzuschrauben, mit Köpfchen werkeln, das macht ihnen Spaß! Und das ist ja das Unverschämte an diesen schwarzen Ökonomen: Daß sie so völlig unökonomisch arbeiten!

Der blaue Fleischhauer-Geselle hat den Nachmittag damit verbracht, im Akkord Bremsbeläge zu erneuern. Der dicke weiße Plum ist durch Kölns Norden gekreuzt, vorbei an einer Baustelle auf der Niehler Straße, wo eine halbe Hundertschaft polnischer Schwarzarbeiter schuftet. Aber das fällt nicht in des weißen Plums Zuständigkeit, die arbeiten ja für eine völlig legale Leasing-Gesellschaft. Ihn interessieren die Hinterhöfe, Laubenkolonien und Schrottplätze. Er schnüffelte in drei Toreinfahrten auf der Siebachstraße, aus denen verdächtig geschäftiger Lärm drang, steckte seine Nase in einen neueröffneten Biokost-Laden, umfuhr einmal den Blücherpark und wurde endlich in Zoll-

stock fündig, wo er einen Arbeitslosen beim schwarzen Tapezieren erwischte.

Die schwarzen Plisch & Plum waren den Nachmittag über auch nicht untätig. Sie hievten den neu erworbenen gebrauchten Schrott-Golf-Motor in den Audi-80-Motorraum, schraubten ihn fest, prüften ihn, sagten »okay«, kassierten vom Kunden 800 Mark und teilten sie brüderlich. Zwischendurch war noch eine Kundin wegen eines defekten Blinkerlämpchens gekommen. Plum mußte die Arbeit am Motor unterbrechen, ging hinaus, kam wieder zurück, bleich vor Zorn: »Wenn du gleich die Polizeisirenen hörst, dann holen sie mich ab! Wegen Totschlags!« Er ging wieder raus, baute mit gesträubtem Quadrupeden-Nackenhaar das Lämpchen ein und vertrieb die Kundin.

Jetzt ist es halb acht abends, und Plum und Plisch lassen Wasser in eine alte Badewanne laufen. Jeder nimmt sich eine Handvoll Handwaschpaste, und brüderlich, der Dicke neben dem Kleinen, vollziehen sie das feierabendliche Waschritual an ihren schwarzen Pfoten. Es wird auch Zeit! Denn um acht sind sie in der Grillstube mit ihren Bräuten verabredet. Wie jeden Abend gehen diese niederträchtigen Schwarzen Ökonomen natürlich aus zum Essen!

> *Ach, da stehn sie ohne Scham*
> *Mitten in dem süßen Rahm*
> *Und bekunden ihr Behagen*
> *Durch ein lautes Zungenschlagen.*

Von Wirtlichem und Unwirtlichem
Der Friesenwall

Der Blick auf die wachsenden Gebilde, die einstmals Städte waren, zeigt uns, daß sie einem Menschen gleichen, der verzerrt wird durch krebsige Tochtergeschwülste. Vielleicht gibt es keinen Todestrieb; aber Umstände, die tödlich wirken. Davon ist hier die Rede, obgleich wir wie alle, die je auf dem Pulverfaß saßen, so tun, als wäre alles unstörbar in bester Ordnung.

Alexander Mitscherlich,
Die Unwirtlichkeit unserer Städte

Entlang der mittelalterlichen Stadtmauer, im Innern der Stadt, lief, von Torburg zu Torburg, eine Gasse, gleichsam die vorderste Linie der befestigten Stadtzivilisation. Es war der innere »Wall« der Stadt, und dieser Begriff hat sich bis heute erhalten: Severinswall, Kartäuserwall, Pantaleonswall, Mauritiuswall, Friesenwall, Gereonswall und Thürmchenswall heißen, von Süden nach Norden, die Straßen, die den alten Stadtkern Kölns entlang der abgerissenen mittelalterlichen Stadtmauer umschließen. Umrundete man vor ein paar Jahren noch auf ihnen die Stadt, so marschierte man durch die unansehnlichsten Viertel Kölns, die nach dem Krieg von der alten Innenstadt übriggeblieben waren. Viertel mit düsteren Häusern, heruntergekommenen Kneipen, schummrigen Rotlicht-Bars. Während das vor allem auf dem Gereonswall heute noch so ist, beginnt sich der Friesenwall allmählich zu wandeln.

Daß es Morgen ist, merkt man im Friesenwall nicht unbedingt daran, daß es hell wird. Dazu müßte man weit hochblicken und sähe dann bestenfalls doch nur den Widerschein der Sonne auf den Giebeln und Dächern der westlichen Häuserzeile. Morgens um neun bekommt das dritte Stockwerk noch keinen Sonnenstrahl ab. Aber daß es neun Uhr ist, das weiß man, wenn in diesem Stockwerk ein Fenster aufgeht, eine dunkelgrüne Einkaufstasche sich zögernd über den Sims schiebt und dann an einer Schnur gemächlich fünfzehn Meter tief sich dem Trottoir zusenkt. Frau Mahlberg rüstet zum Frühstück. Ein paar Minuten zuvor hat der Beckers Hans die Gitter von seinen Schaufenstern geschoben und in den Flur gestellt. Wobei das Klappern der eisernen Läden das Signal gab für das Herunterschweben des Frühstücksbeutels. Nun schreitet Herr Antiquitätenhändler Becker, bereits im weißen Kittel, zur Bäckerei Zimmermann auf der Ehrenstraße, derweil der Korb überm Bürgersteig und Frau Mahlberg hungrig im Fenster hängt.

Die Büros bevölkern sich, und deshalb herrscht bei Zimmermanns jetzt Hochbetrieb. Natürlich wird hier der Herr Becker bevorzugt bedient, und er kehrt bald mit der Brötchentüte zurück. Vorm pendelnden Einkaufskorb bleibt er stehen, greift zwei Milchbrötchen aus seiner Tüte, läßt sie in den Korb fallen, und dieser entschwindet sofort in die höheren Regionen der Frau Mahlberg. Das Kaffeewasser kocht. Nicht nur bei Frau Mahlberg.

In Beckers berühmtem Hinterzimmer war inzwischen Traudel tätig. Traudel kommt morgens zum Kaffeekochen und abends zum Putzen und zum Spülen der Kaffeetassen in den Salon des Beckerschen Antiquitätengeschäfts. Und während hier nun Traudel und der Antiquitätenhändler beim ersten Tässchen sitzen, stürmt auf der gegenüberliegenden Straßenseite mit gesenktem Haupt, die Lucky-

Luke-Kippe im Mundwinkel und die Schusterschürze umgebunden, als wäre er darin geboren, Schuhmachermeister Jores in seinen Laden. Er verschwindet darin bis zum Mittag, und nur das Schild »Orthopädische Schuhmacherei« auf der weiß gestrichenen Schaufensterscheibe läßt auf sein Tun schließen.

Von »Tun« im Sinne von Arbeit kann beim Antiquitätenhändler Becker freilich noch nicht die Rede sein. Denn der sitzt immer noch beim Kaffee in seinem Hinterzimmer. Kunden, wenn es die um zehn Uhr morgens schon gäbe, müßten sich durch den engen Gang voll antiken Gerümpels zu ihm hin bemühen. Aber es gibt noch keine Kunden. Dafür kommt Frau Franziska, hoch in den Siebzigern, jetzt »fürn Päuschen« ins Hinterzimmer. Der Beckersche Laden liegt genau auf der Hälfte der Strecke, die sie zwischen ihrer Wohnung und dem »Plus-Supermarkt« auf der Ehrenstraße zurückzulegen hat. Eine ziemlich weite Strecke ist das, wenn man nicht mehr so gut zu Fuß ist, zudem verschönt der Kaffee natürlich die Rast beim Becker. Doch nicht nur zur Rast kehrt Frau Franziska hier ein. Manchmal gibt es auch etwas zu besorgen. Zum Beispiel gibt sie, wenn der Klüttenmann kommt, ihren Wohnungsschlüssel beim Becker ab. Der Klüttenmann weiß Bescheid und holt sich dann den Schlüssel beim Trödler.

Inzwischen ist es halb elf, und Frau Franziska, Herr Becker und die ersten Dauerkunden des Trödelladens, die nicht zum Kaufen, sondern zum Klaafen regelmäßig hier einkehren, sitzen im Hinterzimmer des Antiquitätenladens und besprechen das Fernsehprogramm vom Vorabend. Währenddessen macht Alfred, der Besorger des »Bijou«, den gerade vor diesem Lokal immer besonders vollgepinkelten Bürgersteig sauber. Das »Bijou« ist eines der vier Animierlokale hier auf dem Friesenwall, kein besonders

exklusives, eher im Gegenteil. Vielleicht deswegen schlagen die Freier, die drinnen nicht fündig geworden sind oder denen das Bier und der Piccolo für die Damen zu teuer war, nachts so gern draußen unter der roten Laterne ihr Wasser ab. Alfred aber schüttet jeden Morgen gleichmütig ein paar Eimer Seifenlauge gegen die Hauswand, kehrt den Bürgersteig ab, trägt seine Putzutensilien wieder ins Haus, steckt sich eine Zigarette an und geht hinüber auf die andere Straßenseite zu Frau Berg. Die alte Frau Berg trat soeben nämlich zu ihrer ersten Fensterrunde an. Sie bewohnt die Parterre-Wohnung neben Schuhmachermeister Jores und liegt viermal am Tag für jeweils eine halbe Stunde oder länger im Fenster, um mit den Vorübergehenden ein Schwätzchen zu halten. Hat jemand ihrer Bekannten ein ganz besonderes Klaaf-Bedürfnis, und liegt sie gerade nicht im Fenster, dann braucht er nur zu klopfen, und sie kommt zu einer kleinen Extra-Runde ans Fenster. Jetzt erzählt sie wahrscheinlich gerade dem Alfred, daß sie schon die Kohlen für den nächsten Winter im Keller hat.

Das erzählt sie jedem. Und da diese Tatsache sehr wichtig für sie zu sein scheint, beginnt sie überhaupt jedes Gespräch mit der Feststellung: »Ich hab schon den Winterbrand im Keller.« Und dabei ist es so ein schöner Juni-Morgen! Vögel zwitschern keine auf dem Friesenwall, doch dafür kann man jetzt, blickt man hoch, den Widerschein der Sonne schon auf dem ersten Stockwerk der westlichen Häuserzeile sehen. Auch die Ecke Ehrenstraße liegt voll im Sonnenlicht, und vor der Eduscho-Kaffeebude ist Hochbetrieb. Da stehen die Fensterputzer und die LKW-Fahrer um den Expreß-Automaten, auf dem sie die Tassen abstellen, und machen sich lustig über die vorüber rauschenden Sekretärinnen. Ein neuer Tag im alten Friesenwall hat begonnen. Ist das nicht eine schöne nostalgische Milieu-Atmosphäre? So hätten wir doch alle gern unser Viertel. Wie in den guten alten Zeiten. Schuhmachermeister Jores ist inzwischen umgezogen worden. Der Inhaber der »Zitrone« (Austern und Sekt ab 21 Uhr) konnte das fünffache der Miete für das Ladenlokal bieten. Jetzt kann man wenigstens reinsehen in das Lokal: blitzendes Chrom, blankes Resopal, kalt aber schick. Auf dem Bürgersteig davor stehen jetzt abends die Porsches. Und Frau Mahlberg ist im Altersheim. Erstens ist sie da gut aufgehoben, und zweitens war das Haus, in dem sie wohnte, doch wirklich baufällig. Von diesem Haus steht jetzt nur noch die Fassade. Darum hat sich nun wirklich sehr verdienstvoll unsere Stadtkonservatorin gekümmert. Hinter dieser hübschen Fassade sind brandneue praktische Single-Appartements für neunhundertfünfzig warm im Monat entstanden. Das Parterre ist für Ladenlokale reserviert, für elegante Ladenlokale selbstverständlich. Da kann sich der Friesenwall bald wirklich neben den tollen Läden von der Pfeilstraße und der Ehrenstraße und der Kettengasse sehen lassen! Gut, daß die Stadt den »Blauen Engel« geschlossen hat, eines von diesen widerwärtigen, schmutzigen Animierlokalen auf dem Friesenwall. Übrigens, das Haus, in dem der Antiquitätenhändler Becker mal seinen Laden hatte, das ist auch bald fertig!

Wer glaubt, das alles wäre einfach der Lauf der Dinge (schließlich gibt es diese »Luxusmodernisierung« in den alten Vierteln vieler Städte), wer glaubt, daß dieses Verdrängen und Abschieben der Alten, das Zerstören von Nachbarschaften, das Wegkaufen von Kleingewerbe, von Lädchen und Büdchen, das Zerschneiden von feingesponnenen sozialen Netzen, gefolgt vom Hinrotzen großkotziger edelschicker Einkaufs- und Freß-Zentren, wer glaubt, daß dies gleichsam naturwüchsig geschieht, so wie beispielsweise das Gras wächst, der irrt.

Schließlich haben wir in Köln, wie überall, Stadtplaner. Das sind Leute, die sorgfältig die Gestalt unserer Stadtviertel in die Zukunft hinein entwerfen. Und wir haben Ratsherren, die diesen Stadtplanern die demokratisch legitimierten Direktiven geben. Und die haben − schließlich werden sie dafür von uns bezahlt − schon ein Auge auf das, was im Viertel geschieht, keine Bange! Die wissen, was sie tun oder nicht tun, bzw. tun oder nicht tun lassen.

Da gibt es zum Beispiel einen Ratsherren von der CDU, der meinte zum Friesenviertel: »Wir haben in Köln eine ganz klare Konzeption, die die Attraktivität dieser Bereiche erhöhen soll. Sie müssen in einer Großstadt eine bestimmte Qualität von Geschäften anbieten. Und es ist vernünftig, im Friesenviertel eine sicherlich in manchen Bereichen auch als luxuriös zu bezeichnende Geschäftszone zu bringen.« Und ein Ratsherr von der SPD: »Das ist so eine Zone, in der wird sicherlich, was etwa die geschäftliche Nutzung der Erdgeschosse angeht, da wird es viel Wechsel geben, daran muß man sich gewöhnen, das ist ein völlig normaler Vorgang. Das Wohnen sollte man auf der anderen Seite dann aber auch nur solchen Menschen dort anraten und zumuten, die das in Kauf nehmen. Es wird eine Wohnnutzung ermöglicht zu Mieten, die, ähm, gut Verdienende, die wir auch in der Stadt halten wollen, noch tragen können.«

Es dämmert im Friesenwall. Ein kalter Januarnachmittag, Straße und Bürgersteige sind regennaß, und in der »Zitrone« geht die Leuchtreklame nicht an. Da hat es tatsächlich den »Wechsel« gegeben, von dem der Ratsherr sprach. Nach einem halben Jahr war der Laden pleite. Doch keine Sorge: der Schuster kommt nicht wieder. Die Miete ist mittlerweile doppelt so hoch wie sein Monatsumsatz. Die »Zitrone« bleibt dem schicken Stadtprofil erhal-

60

ten. Das nächste Opfer hat sich bereits gefunden. Das Haus, in dem Frau Mahlberg einmal wohnte, nebenan, ist jetzt fertig und heißt »Stadtvilla«. Das bedeutet, daß es dort im Erdgeschoß ein hinreißend edles Restaurant mit Gartenterrasse im Hinterhof gibt. Zu der Jahrhundertwende-Fassade hat man für das Erdgeschoß eine Stahlverkleidung im Stil des Centre Pompidou gewählt. Und die alte Frau Berg lebt tatsächlich immer noch. Eben hat sie die Fensterläden zugeklappt, denn im Winter gibt es naturgemäß weniger Klaaf-Runden als im Sommer.

Auf den einen oder anderen unverbesserlichen Nostalgiker mag das anrührend wirken. Aber eigentlich paßt das doch nicht mehr ganz ins Bild, diese alte Frau in ihrem schmuddeligen Fenster, so zwischen »Stadtvilla« und »Zitrone«! Und dann ist ja auch schon der neue Laden bezogen in dem Haus, in dem der Antiquitätenhändler Becker mal seinen Trödelkram und sein Hinterzimmer hatte: »Haute Couture« gibt es jetzt dort, und im ersten Stock, erzählt die Frau Berg, hat sich ein berühmter Fernsehstar schon sein Stadtappartement eingerichtet. Den alten Antiquitätenhändler Becker, den gibt es hier im Viertel tatsächlich auch noch. Er hat sich nicht von den Luxus-Spekulanten kleinkriegen lassen! Der »Express« brachte einen zu Tränen rührenden Artikel über den »Beichtvater vom Friesenwall«, den Trödler ohne Trödelladen auf der Suche nach einem neuen Ladenlokal, und jetzt residiert er um die Ecke in der Palmstraße. Beckers Trödelkram in einem Neubau! Ein Hinterzimmer gibts nicht mehr. Hans und Traudel und die Dauerkunden sitzen jetzt zwischen antiken Lampenschirmen, gebrauchtem Christbaumschmuck und echtem Hotelsilber mitten im Ladenlokal.

Und die Frau Franziska? Frau Franziska hängt doch zu sehr am alten Hinterzimmer und den gemütlichen Kaffeepläuschchen da auf dem Friesenwall, als daß sie jetzt noch oft hier in den neuen Laden käme. »Dat wör doch ene Ömwech«, argumentiert sie weise und einfühlsam, denn dem Hans würde das ja auch ein bißchen weh tun, wenn man ihm sagte, daß es in der Palmstraße nicht so schön sei wie auf dem Friesenwall, damals.

Auch das »Bijou« hat übrigens eine neue, den modernen Verhältnissen angepaßte Fassade bekommen, ganz aus weißem Marmor. Geändert hat sich allerdings nur die Fassade, drinnen ist noch alles beim alten: die gleichen Mädchen, die gleiche Musik, die immer gleichen besoffenen Freier. Alfred, bei dessen unartikuliertem und kaum verstehbaren Sprechen man immer im Zweifel ist, ob er unter einem Sprachfehler leidet oder ob er einfach nur zuviel Alkohol in seinem Leben getrunken hat, zerschlägt immer noch morgens die leeren Piccolo-Fläschchen, die jeden Abend anfallen.

Alfred ist mittlerweile auch zum Besorger vom »Lorien« avanciert. Nachdem der »Blaue Engel« zugemacht worden ist, hat der Besitzer dieses dritte Animierlokal auf dem Friesenwall, gleich gegenüber dem »Wallstreet«, ganz edel renovieren lassen und es »Lorien« genannt. Das »Lorien« ist jetzt etwas für die Messegäste der gehobenen Kategorie. Alfred aber hat sich, nachdem er auch noch das »Lorien« als Aufwarter übernommen hat, ein kleines Handwägelchen anschaffen müssen, um die hundertfünfzig Meter zwischen »Bijou« und »Lorien« bewältigen zu können. Das Handwägelchen zieht er nun von einem zum anderen Lokal und wieder zurück und dann zum »Plus« auf der Ehrenstraße, um, hochbeladen mit Klopapier, Papierservietten und Tempotaschentüchern, wieder zurückzukommen. Und weil dieser Weg vom Friesenwall zur Ehrenstraße genau der tägliche Einkaufsweg der Frau Franziska ist, nimmt

Alfred jetzt deren Wunschliste für den »Plus« mit. Wenn Alfred überlastet ist mit seinen vielfältigen Tätigkeiten für die beiden Damen-Etablissements, dann hilft ihm Wolfgang, der arbeitslose Seemann, der sonst beim alten Becker das Tafelsilber poliert.

Es ist halb sieben durch, Feierabend auf dem Friesenwall, und es regnet immer noch. Wolfgang, der arbeitslose Seemann, steht einsam an Eddies Theke. Eddie hat den »Korting«, das Lokal auf der Ecke Friesenwall-Palmstraße, in dem Frau Franziska vor fünfundfünfzig Jahren Verlobung feierte, von seinen Eltern geerbt. Doch Eddie legt keinen allzugroßen Wert mehr auf Kundschaft. Er kann es sich leisten, so gegen sieben Uhr abends die ersten Schnäpse zu kippen, um dann in der rauhen Art, die er dabei annimmt, mit seinen ausgewählten Gästen Konversation zu treiben. »Niemals«, sagt Eddie, »dat bliev alles esu, wie et immer war!« Der weitgereiste und welterfahrene Wolfgang weiß es natürlich besser. Schließlich kommt er im Viertel rum und steht vor allem jeden Tag mindestens eine halbe Stunde im Büdchen auf der Palmstraße, und da werden nun wirklich die allerheißesten Neuigkeiten gehandelt. Eddie glaubt nichts. »Un wenn ich dir et sage, do deit sich nix! Loß dir dat jesagt sin!«

Es geht ums »Wallstreet«. Drei Polizeieinsätze pro Woche. An manchen Tagen macht der Laden noch nicht mal auf. Man kennt das Vorspiel solcher Räumungen. Und ist ja auch ganz klar: vier Animierlokale sehr zweifelhafter Qualität in einer Straße wie dem Friesenwall, die es gerade geschafft hat, den Anschluß an das moderne, aufgeschlossene, schicke, dynamische Geschäftsleben der umliegenden Straßen zu finden, das muß doch die seriöse Kundschaft vergraulen. Da kann Alfred noch so kräftig jeden Morgen die bepißten Trottoirs säubern. Und da kommt auch schon

Alfred zum »Korting« rein und stellt sich neben Wolfgang. Was aus den Mädchen werden mag, die sind ja schließlich auch nicht mehr die jüngsten, und die schönsten waren sie sowieso noch nie. Und nicht nur die Mädchen, da hängen ja noch ein paar andere dran, an den Läden hier, die Putzfrauen und schließlich auch wir selbst. »Da brocht ihr üvverhaupt kein Angst zu han!« tönt Eddie. »Dat bliev alles esu wie et es, loßt üch dat jesagt sin!«

Kamine

Im passenden Kostüm der Zeit,
stets aus dem Ei gepellt,
hat er mit knappen Gesten
eure Träume dargestellt —
der Sohn einer Serviererin,
der Horsti, schmal und blond,
mit jenem Zug zum Höheren
um Nase, Kinn und Mund.

Franz Degenhardt, Horsti Schmandhoff

Die meisten kennen ihn nur unter diesem Namen, obwohl es einmal eine Zeit gab, in der er auch seinen bürgerlichen Namen auf seine Visitenkarten drucken ließ. Jetzt steht nur noch »Kamine« und »Berate Sie in allen Angelegenheiten« auf den billigen weißen Kärtchen, die er überall verteilt. Wahrscheinlich wissen die wenigsten, die ihn so nennen, wie er vor vielen Jahren zu diesem Namen gekommen ist. Und viele kennen wohl noch nicht einmal die Bedeutung des Begriffs »Kamine«. Das ist verständlich. Denn tritt bei solchen Namen wie »Nas« oder »Banane« die Bedeutung offen zutage, und werden die Namensträger so durch ihr hervorstechendstes und eigentümlichstes Körperteil charakterisiert, steht also das Teil mehr oder minder bedeutungsvoll für den ganzen Kerl, steht »Kamine« für ein charakteristisches Tun, mehr noch: für eine geistig-moralische Haltung. Kamine ist ganz einfach die Kurzform für

»Kamine bauen«, und das – die etymologische Herkunft der Bedeutung liegt im Dunkeln – bedeutet ganz einfach: Mehr Schein als Sein.

Oft ist es so, daß uns ein Name, den wir auf einem Höhepunkt unserer irdischen Laufbahn erworben haben, uns das Leben lang begleitet, gleichgültig, wohin diese Laufbahn später führen mag. Der Feldherr beispielsweise, der in seiner Jugend die eine große Schlacht gewonnen hat, – er mag später dem Alkohol oder dem Spiel verfallen, er mag herunterkommen bis zum Bettel, für die, die ihn aus seiner Glanzzeit kennen, wird er immer mit den Resten einer verblichenen Aura umgeben bleiben, er bleibt »Der Große«.

So verhält es sich auch mit Kamine. Kamines Jugend dauerte bis zu seinem achten Lebensjahr. Bis dahin waren alle Spuren kindlicher Naivität und jugendlicher Unbekümmertheit, die sich in Waisenhäusern und Fürsorgeanstalten zu erhalten vermögen, von ihm getilgt. So stand der kleine Kamine vom neunten Lebensjahr an, wie man sagt, voll im Leben. Vielleicht war aber auch das Leben unter Aufsicht der Fähnleinführer und Blockwarte besonders dazu angetan, Kamines spezifische Talente frühzeitig auszuformen. Denn Kamine war, das zeigt schon seine leicht zur Fettleibigkeit neigende Statur, kein Kämpfer, der es versteht, sich physisch Respekt zu verschaffen, sich durchzusetzen. Aber auch kein Wiesel war der junge Kamine, nicht vom Typ dieser rattenflinken Diebe und Taschenspieler. Etwas dazwischen war er, eher undefiniert, anpassungsfähig, wandlungsbereit. Er war der geborene Schauspieler. Wen wundert es, daß er bald wie Horsti Schmandhoff, mit Ehrendolch und Schwänzelschritt sich im Kostüm der Zeit präsentierte und aufstieg in die Kaste der Fähnleinführer? Wie Horsti Rußland als Panzerführer zu erobern, war Kamine freilich nicht vergönnt.

Als er siebzehn Jahre alt war, wurde er in die Heimatfront eingegliedert. Kurz darauf, auf dem Südbahnhof, vor Kälte bibbernd, wartend auf den Güterwaggon, der ihn zum Einsatz in die noch kältere Eifel bringen sollte, ging Kamine eine Ahnung auf, daß er nicht zum Kämpfer, geschweige zum Helden geboren sei. Ganz abgesehen von den Entbehrungen und Mühen, die dem Heldentum im allgemeinen und bei einer Winteroffensive gegen einen übermächtigen Feind im besonderen, vorausgesetzt sind. Was winkte als Lohn solcher Anstrengungen? Der Materialwert, überlegte der die eingefrorenen Füße stampfende Kamine, den ein solches Blechkreuz mit Firlefanz darstellt, lohnt keine, aber auch nicht die geringste Bemühung. Schließlich besaß er doch zu der Zeit bereits drei solcher Kreuze, die ihn zwei Päckchen Zigaretten gekostet hatten. Dies alles bedenkend, kam Kamine sehr rasch zu einer recht realistischen Einstellung zum real praktizierten Heldentum. Noch bevor der Zug in den Südbahnhof einrollte, ereignete sich infolge einer merkwürdigen Verkettung sehr unglücklicher Umstände ein Unfall, in dessen Verlauf dem jungen Kamine ein Geschoß aus dem Sturmgewehr eines seiner Kameraden den Unterschenkel des linken Beines durchschlug und dabei das Wadenbein zertrümmerte. Mitten in Köln, einhundertfünfzig Kilometer vor den feindlichen Linien, erwischte Kamine ein, wie man damals sagte, Heimatschuß. In dessen Folge, und zwar exakt bis zum Zusammenbruch des Blockwart-Reiches am 8. Mai 1945, humpelte Kamine stark und wurde nie ohne Krücken gesehen. Nach dem 8. Mai verschwand dieses Humpeln wie durch ein Wunder, ohne daß er der schwarzen Madonna, die sowieso in Trümmern lag, eine Kerze hätte aufstecken müssen.

Kamine konnte sich nun ganz und gar dem widmen, was seiner eigentlichen Berufung entsprach: Kompensation und

Distribution, also Maggeln auf Teufel komm raus. Zunächst war das Maggeln eine schlicht lebensnotwendige Tätigkeit und diente allein dem Erhalt seiner physischen Existenz. »Gefringste« Briketts – dazu war er sich keineswegs zu schade – gegen Fallschirmseide, Fallschirmseide gegen Zigaretten, Zigaretten gegen Kartoffeln, die Hälfte der Kartoffeln wieder gegen Zigaretten, die Hälfte der Zigaretten für eine Armbanduhr, die Armbanduhr für zwei Pfund Speck. Kamine wäre nie Kamine geworden, wenn es ihn bei solchem Schieben im Rahmen des bloß Lebensnotwendigen gehalten hätte. Spätestens bei den Tauschgeschäften unter der Eigelstein-Torburg offenbarte sich ihm seine Berufung zu Höherem. Wäre er doch nicht imstande gewesen, irgendeine gewöhnliche Armbanduhr zum Tausch anzubieten! Nein! Dieses in rostfreiem Edelstahl gefaßte, mit phosphoreszierendem Zifferblatt versehene Chronometer, militärisch einfach, aber absolut präzise, dieser hundertprozentige Zeitmesser mit eingebauter Stoppuhr, ja, der hat keinem geringeren gehört als dem General Eisenhower! Doch nicht allein diese luzide Fähigkeit zur Überhöhung des Alltäglichen bildete sich bei Kamine zur höchster Reife. Eine geradezu künstlerische Begabung, das Unmögliche, ja, das Absurde zur Darstellung und zum reizvollen Kaufangebot zu bringen, griff zur Zeit der Währungsreform im nun auch bürstenhaarschnittigen und kaugummikauenden Kamine Platz. Ob Gänse, Hühner, Enten, für die meisten unerreichbare Leckerbissen damals und dementsprechend hochkarätige Tauschobjekte, selbstverständlich handelte Kamine auch mit solchen Vögeln. Aber im Winter 48/49 für eine Tube englischer Zahnpasta einen neunzigjährigen Papageien zu erstehen und den »Heil Hitler!« krächzenden Vogel dann noch für einen Zentner Kartoffeln an einen Bauern in Sinnersdorf loszuschlagen, solches Glanzlicht konnte nur Kamine der Kunst des Handelns aufsetzen.

Doch während Kamine noch mit antiken Glasaugen, versilberten Kronleuchtern, Bakelit-Wärmflaschen und handgeschmiedeten Autohupen durch Köln eilte, hatte in aller Stille und überall der Aufbau begonnen. Nicht, daß es Kamine deshalb etwa schlecht gegangen wäre. Eher andersherum: Die, die Pflichtgefühl und Ordnungssinn wiederentdeckten, Familien gründeten und auf den Kleinwagen zu sparen begannen, die liefen noch in den verknitterten grauen Anzügen von Müller-Wipperfürth zur Arbeit, als Kamine schon die erste Isabella lenkte, sich einen englischen Schnauzbart wachsen ließ, gelbe Seidensocken, sommers schneeweiße Anzüge und im Winter einen prächtigen Biberpelz am Mantel-Revers zu tragen pflegte. In Verbindung mit dem entsprechende Solidität und zuverlässige Solvenz ausstrahlenden Auftreten gehörte solche Schale von Beginn der Republik an zu Kamines Erscheinungsbild. Doch — und das war wohl ein weiterer Baustein für den Namen, den er bald erhalten sollte — irgendwie hatte Kamine den Zug der Zeit verpaßt. Seine stattliche, übertrieben seriöse Erscheinung stand plötzlich nicht mehr in Einklang mit der Art von Geschäften, die er betrieb. Wer handelte schon noch mit Unikaten jener Sorte, die Kamine so glänzend unter die Leute zu bringen vermochte, wenn es galt, in richtiges Geld zu investieren und auf langfristige Dividende zu setzen? Hätte Kamine andere, zeitgemäßere Talente besessen als die, die ihm ohnehin zueigen waren, vielleicht wäre aus ihm ein kongenialer Kujau der 50er Jahre geworden! Doch so, wie die Dinge nun einmal standen, war für den stetig mehr Fett ansetzenden Kamine, mit der Ware, mit diesen Methoden, auf Dauer keine Mark mehr zu machen.

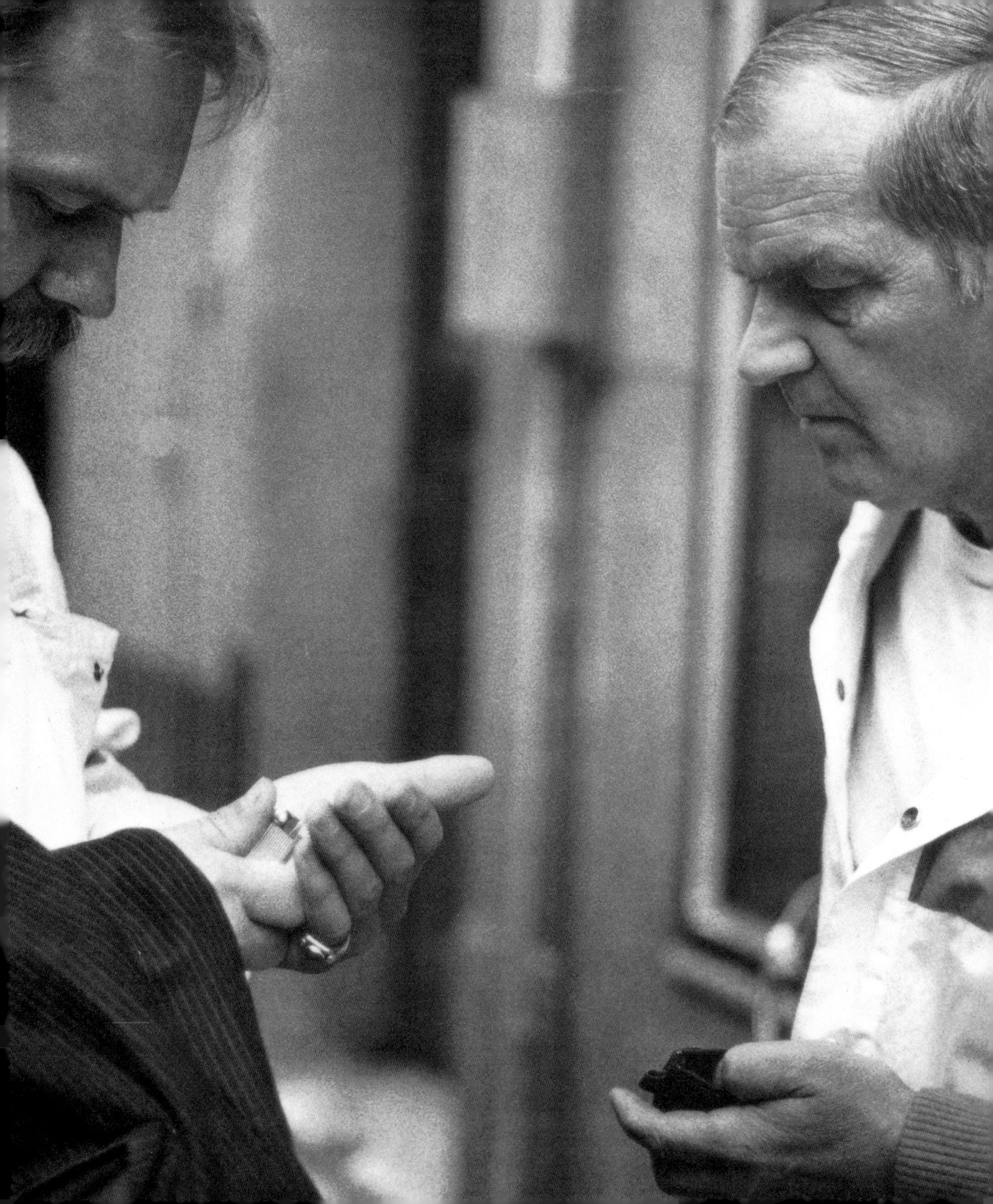

Aber Kamine blieb zunächst in seinem Metier. Er wechselte nur den Schauplatz seiner Auftritte. Das Straßendreieck Eigelstein, Weidengasse, Gereonswall wurde zu seinem Revier, kleine Diebe, mittlere Diebe, Mietwagenfahrer, kleine Hehler, kleinste Hehler sein nächtlicher Umgang. Seine täglichen Anlaufstationen waren Leute, die so zwischendurch mal Verwendung für seine angestaubte Ware hatten. »Angestaubte Ware« war das Stichwort, das Markenzeichen sozusagen, unter dem Kamine fortan lief. Während Horsti Schmandhoffs Spuren für eine Zeitlang sich im Dunkeln verlieren, nachdem er − Blondine auf dem Beifahrersitz − zuletzt im dunkelroten Jaguar gesehen wurde, taucht Kamine in das Halbdunkel der Halbwelt eines, − eben eines Händlers von angestaubter Ware hinein. Hinein dann auch bald und eigentlich konsequenterweise in die Verliese des alten backsteinroten Klingelpütz. Für ein halbes Jahr nur, aber das halbe Jahr war lange genug, um die Crème der Gesellschaft gründlicher kennenzulernen, die mit Halbwelt so unzutreffend umschrieben ist.

Kontaktschwierigkeiten gab es für Kamine nicht. Denn nicht nur sein Äußeres spiegelte den Gentleman. Seine Umgangsformen, die Konzilianz seiner Gesprächsführung, die betonte Hilfsbereitschaft, Entgegenkommen in allen menschlichen und geschäftlichen Belangen, all dies machte ihn zu einem hinlänglich zuverlässigen Freund und Helfer für die einen, zu einem brauchbaren Faktotum für die anderen. Die einen, das waren die kleinen Autodiebe, Schränker und Schieber, die Kamine ohnehin schon aus dem Eigelsteinviertel kannte; die anderen, weit wichtiger, das waren die, die sich anschickten, in den 60er Jahren zu einschlägiger Berühmtheit zu gelangen.

Mit solchen Verbindungen entlassen, war für Kamine nach dem Aufenthalt im Klingelpütz der Schritt ins richtige

Leben geebnet. Nein! Nicht, daß man ihn von nun ab zu den echten Jungs zu zählen hätte! Abgesehen davon, daß Kamine für solch eine Position nicht die notwendigen körperlichen Voraussetzungen mitbrachte, er besaß, bei allem Glamour, den zu entfalten er imstande war, einfach nicht die mentale Stärke, die Risikobereitschaft und Nonchalance, die für eine solche Existenz unabdingbar sind.

Nach Solidität dürstete den aus dem Klingelpütz Entlassenen. Als Hehler, als Händler in angestaubter Ware mochte er nicht länger gehen, vorläufig jedenfalls nicht. An dem Tag, an dem die Kumpels aus Wanne-Eickel ihren Horsti Schmandhoff in der »Quick« als einzigen Ratgeber des Präsidenten von Ukalula abgebildet sahen, inmitten dreißig Weibern, alle nackt und schwarz und prall, an dem Tag eröffnete Kamine auf der Severinstraße einen Frisiersalon. Mit den Kenntnissen, die er vor langer Zeit in einer von der Fürsorge finanzierten, abgebrochenen Ausbildung erworben hatte, machte er sich daran, der Kölner Halbwelt die Locken zu ondulieren. Im weißen Kittel, sich mit dem Flair eines wissenden Frauenarztes umgebend, empfing er die Jungs aus dem Milieu an der Ladentür und scherte ihnen dann die Köpfe zum Bürstenschnitt. Kamines kommunikative Fähigkeiten als Frisör waren beachtlich, und obwohl ein wahrer Steinbruch an Informationen, war seine Diskretion, eine Errungenschaft der sechs Monate Klingelpütz, der eigentliche Garant seines Erfolges als Figaro. Fachlich war er überdies kaum gefordert, denn im Leben war damals, wie gesagt, Bürstenschnitt angesagt. Aber eben nur im Leben, und vom Leben allein konnte Kamine nicht leben. Es galt, auch andere Kundschaft anzulocken, zu blenden mit Künsten, wie sie sonst niemand besaß, sie abzuwerben der Konkurrenz, die nicht eben schwach im Severinsviertel vertreten war.

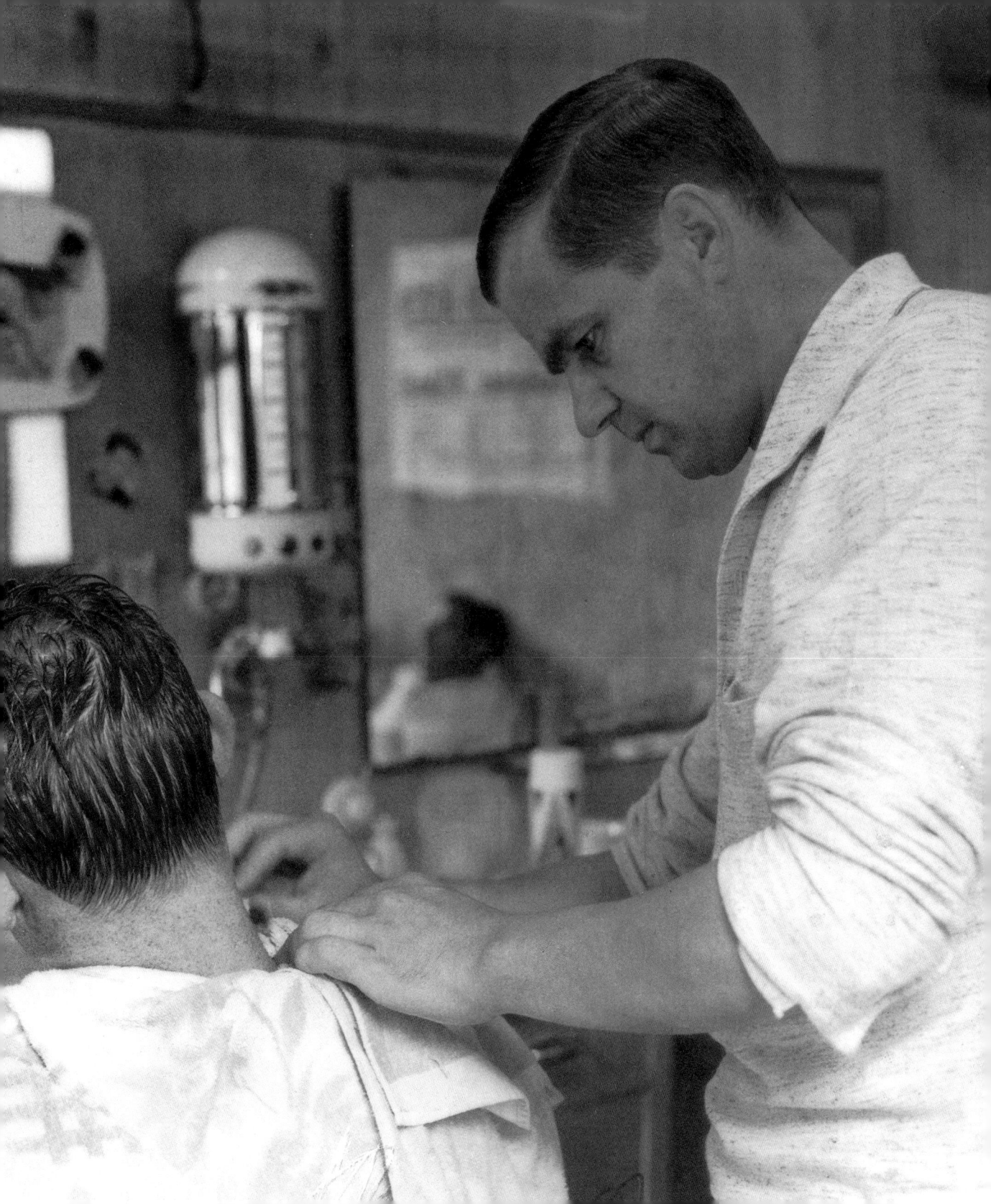

Wie sieht im Jahr 1959 ein Frisiersalon von außen aus? Vorhänge oder zur Hälfte weiß verstrichene Schaufenster, vielleicht ein paar Flaschen Haarwasser, zwei Tuben Frisiercreme im Fenster, was sonst sollte man ausstellen? Der erste Pokal, den Kamine protzig in der Mitte seines Schaufensters plazierte, stammte von einem abgewrackten Boxer. Kamine stellte den silbrig blinkenden Pokal natürlich so, daß man von außen die Inschrift »Dritter der Mittelrheinmeisterschaft 1953« nicht einsehen konnte. Eindeutig also wohl ein Meisterpokal, verliehen für herausragende Fähigkeiten in der Kunst der Figaros. Und so ergab ein Pokal den anderen. Ralleyfahrer, Ringer, Boxer und Radrennfahrer aus Kamines Um- und Kundenkreis misteten ihre Vitrinen aus und stellten die hart errungenen Trophäen bei Kamine als Leihgabe ein. Ein Pokalsegen, von dem Kilian, der Großmeister aller Frisöre nur hätte träumen können, ergoß sich in Kamines Schaufenster. Kamine! Der Name war geboren! Kamine, der Meister der Blendung, der Cagliostro des Bluffs, Zampano des Scheins. Kamine zeigte allen, wer er eigentlich war! Nicht lange dauerte es, nachdem die Pokale sein Schaufenster überfluteten, den Salon überschwemmten, und darüberhinaus Fotos aller Großen, die damals die Illustriertenseiten zierten, die Wände des Salons bedeckten, – da nannte alle Welt ihn bloß noch »Kamine«. »Kamine, mach se nit esu koot, die Pläät krieje ich noch fröh jenoch!« – »Kamine, häste hück schon dä Fuss gesinn?« – »Kamine, kannste mir nit en Autoradio besorge?«
Kamine hatte den Höhepunkt seiner Laufbahn erreicht. Er war eine Adresse. Und so trug er nun wieder einmal, abends, wenn er den weißen Kittel auszog, feines englisches Kammgarn, sein dunkelgrüner Triumph TR 6 hatte Lederpolster, das Appartement zierten weißer Flokati und Spiegelwand.

Die Zeit vergeht rasch, wenn man sich in der Sonne des Erfolgs badet. In der erinnernden Nachbesinnung erscheint sie dagegen unendlich gedehnt, so als wären es Jahre über Jahre gewesen, die der Glanz der Triumphe durchstrahlte. So jedenfalls mag es Kamine heute erscheinen. Doch in Wirklichkeit waren noch keine drei Monate vergangen, nachdem die blinkenden Pokale in seinem Frisörladen dafür gesorgt hatten, seinen Kundenkreis zu vergrößern, als auch schon das Gewerbeaufsichtsamt sich einstellte und Kamines Meisterbrief sehen wollte. Die Herren in den dünnen C & A-Mäntelchen hörten sich gerne seine komplizierten Geschichten über den Verbleib des Diploms, seine unwahrscheinliche und bemerkenswerte Wanderung durch Luftschutzkeller, verschiedene Evakuierungsorte im Siegerland, Besatzungs- und Entnazifizierungsbüros an. Kaum ein halbes Jahr später, da stand Kamine wieder einmal vor einem Richter. Einem gnädigen diesmal, der lächelnd über seine weitschweifigen Geschichten hinweghörte und ihn mahnte, nun bald seine Anmeldung zur Meisterprüfung zu betreiben. Wie aber will man vor der Kölner Haarkunst-Innung den Meister »betreiben«, wenn man noch nicht einmal einen Gesellenbrief vorzeigen kann? Kamine ließ es treiben und stellte vorläufig und für alle Fälle ein silbern umrahmtes Täfelchen ins Schaufenster: »Meister seines Fachs«. Womit er nicht gelogen hatte. Doch was schert die Innung, was schert einen dem Strauchelnden noch so gewogenen Amtsrichter letztendlich die Kunst der Camouflage, die Kunst des schönen Scheins, die Kunst, die Kamine zu Kamine gemacht hatte und in der er in der Tat ein Meister war? Kurz vor Weihnachten, ein knappes Jahr nach der Eröffnung seines Salons, ließ Kamine auf lila Pappe mit silbernen Buchstaben seine erste Visitenkarte drucken: »Frisierkunst — Kamine«. Er kam dann aber nicht mehr dazu, sie an seine Kunden zu verteilen. Kurz nach Neujahr hatte der Frisierkünstler Kamine keine Kunden mehr.

Doch ein Kamine gibt so schnell nicht auf. Schließlich hatte er Gefallen daran gefunden, sich in den Gefilden der Bürgerlichkeit und Wohlanständigkeit aufzuhalten. Und in gewisser Weise war sein nächster Job ein Fortschritt. Zumindest ein Fortschritt in Kamines Einsicht, worin seine eigentliche Begabung liegt – in der Fähigkeit eben, Schein zu erzeugen durch Auftritt, Gesten, Mimik, vor allem aber durch Reden.

Kamine wurde Propagandist. Propagandist zu sein, ist in Köln durchaus nichts Anrüchiges. Kamine machte vor dem Hertie am Neumarkt in Gemüseschälgeräten. Eine ausgefuchste Apparatur führte er da dem von seinen Wortkaskaden gleichermaßen erheiterten wie eingelullten Publikum Tag für Tag hinter einem Berg von Kohlrabi, Kartoffeln, Möhren und Weißkohl vor: sauber schälen, rasend schnell häckseln, schneiden, würfeln. Tag für Tag tat er das, richtige Arbeit übrigens, die nicht viel einbrachte. Aber nicht bloß das vergleichsweise geringe Einkommen bei hohem Einsatz gab bald den Ausschlag dafür, daß Kamine sich schnell wieder aus diesem Geschäft zurückzog. Bei der Arbeit als Propagandist überkam ihn vielmehr allzuoft das unbestimmte Gefühl, Perlen vor die Säue zu werfen. Nicht daß er beim Propagieren seines Gemüseschäl- und Zerkleinerungsapparates sich nicht einzureden vermochte, dies sei wirklich das einzigartige und wundertätige Instrument, als das er es vorstellte. Es war die Biederkeit seines Publikums, die ihn abstieß. Das kleinliche Gemäkel und Abwägen läppischer Siebenmarkfünfzig, die pingelige Feilscherei, ob das Gerät denn nun wirklich so funktioniere, wie er es fingerfertig vorführte. Das alles erschien ihm auf längere Sicht eine Nummer zu klein für einen, der doch noch

80

vor einem halben Jahr das Herzstück der Kölner Lebewelt gewesen war.

So schließt sich der Kreis und bald ging Kamine wieder als Händler in angestaubter Ware, immer eine Uhr, ein Armband oder ein anderes Kleinod in der Jackentasche, besorgte dem einen dieses, dem anderen jenes, lieferte pünktlich und zahlte jedem vernünftige Preise. In diesem Milieu der mickrigen Typen und kleinen Diebe, aus dem er, immer noch in Kamelhaarmantel und Nadelstreifen einherschreitend, herausblinkte wie ein aus dem Sperrmüll sortierter Silberpokal, blieb er.

Alle Geschichten haben einen Schluß. Ihr Ende bleibt uns überlassen. Der Schluß ist etwas zum Aufheben, zum Verwahren. Horsti Schmandhoffs Geschichte schließt auf dem Höhepunkt seiner Karriere als fetter erster Ratgeber des Königs von Ukalula. Horsti bleibt uns erhalten im Illustriertenbild mit seinem gesunden, brutalen Lächeln, mit dem Schwanzquast in der Hand. Kamines Geschichte hat keinen Schluß. Sie ist noch nicht einmal zu Ende. Seine knapp sechshundert Mark Sozialrente bessert er heute mit kleinen Botengängen auf, die er »Immobiliengeschäfte« nennt, das heißt, er versucht, windigen Bauherren gegen kleine »Vermittlungsgebühren« Mieter zu besorgen, die bereit sind, bescheuerte Mieten zu zahlen.

Manchmal möchte Kamine schon gerne noch mal als Propagandist arbeiten, aber seitdem ihn vor drei Jahren ein Autofahrer auf die Stoßstange genommen hat, fehlen ihm die Schneidezähne, und ein unüberhörbares Pfeifen verunstaltet seine früher so geschmeidige Stimme. Auch aus dem Handel mit angestaubter Ware ist er jetzt raus, obwohl er immer noch so tut, als wäre er drin. Die alten Kontakte sind sozusagen leergelaufen, die Jungs von früher machen schon lange nicht mehr die kleinen Sachen, denen Kamine ein Leben lang treu geblieben ist.

Sein Revier ist jetzt die Aachener Straße und das Viertel rund um den Rudolfplatz. Umwickelt von seinem abgetragenen Kamelhaarmantel, aber immer noch sehr aufrecht, läuft er da tagtäglich rum, von Laden zu Laden, Kneipe zu Kneipe, maggelt hier ein bißchen, da ein bißchen, manchmal wirklich noch ein kleines Pöstchen »Ware« feilbietend. Und wenn man ihn fragt: »Häste nix für mich, Kamine?«, dann antwortet er mit Sicherheit immer noch: »Doch Jung, ene Flanellanzog, prima Stöffchen.«

Das Herz eines Boxers
Die Faustkämpfer Kalk 1951 e.V.

Das Herz eines Boxers kennt nur eine Liebe:
den Kampf um den Sieg ganz allein.
Das Herz eines Boxers kennt nur eine Sorge:
im Ring der erste zu sein.
Und schlägt einmal sein Herz
für eine Frau stürmisch und laut.
Das Herz eines Boxers muß alles vergessen,
sonst schlägt ihn der nächste knock-out.

Hamburg, 21. Januar 1967

Die Halle tost, gleich zu Beginn der ersten Runde will der Herausforderer es dem Meister zeigen, kommt mit der Rechten heraus, versucht dem Gegner die Deckung herunterzuziehen, noch einmal die Rechte, Begeisterungsrufe, die Zuschauer sind auf seiner Seite. Aber da fängt ihn der Meister mit der Führhand ab, kommt zum Körper des anderen durch, schlägt die Linke auf den Handschuh des Herausforderers und schickt eine schwere rechte Hand sofort hinterher. Volltreffer auf die Kinnspitze, und der Herausforderer klatscht wie ein Mehlsack auf die Bretter. Reinhardt Dampmann liegt im Ringstaub. K.o. in der ersten Runde nach 27 Sekunden. Der Meister, Jupp Elze, hat seinen Titel das vierte Mal erfolgreich verteidigt. Jupp Elze steht auf dem Höhepunkt seiner Karriere. Am 29. Mai

1964 war er, nachdem Peter Müller auf den Titel verzichtet hatte, durch einen Punktsieg über Manfred Hass Deutscher Meister im Mittelgewicht der Berufsboxer geworden. Als Peter Müller zwei Jahre später ein Comeback versuchte, kam es zu einer Sternstunde des Kölner Boxsports: Vor zwanzigtausend Zuschauern trat am 2. September 1966 in der Müngersdorfer Hauptkampfbahn der kölsche Champ der 50er Jahre gegen den der 60er an. Ohne viel Federlesens schlug Jupp Elze Peter Müller in der zweiten Runde buchstäblich durch die Seile. Oberbürgermeister Burauen gratulierte, Exweltmeister Max Schmeling schickte ein Telegramm.

Durch Jupp Elze kam die Kölner Boxtradition in den 60er Jahren noch einmal zu Ehren. Eine Tradition, die bis ins Jahr 1911 zurückreicht, bis in das Jahr, in dem der eben gegründete Sport-Club Colonia soviel Geld zusammengekratzt hatte, um den berühmten englischen Boxer Jack Slim nach Köln holen zu können. Jack Slim hatte bis dahin in Berlin gearbeitet. Als Boxtrainer der Hohenzollern-Prinzen machte er die im Deutschen Reich bis dahin verpönte Sportart sozusagen hoffähig.

Die Investition in den englischen Boxer zahlte sich in Köln aus. Er brachte »Stil« in den brutalen Kampf, und in seiner Nachfolge entwickelte der SC-Colonia-Trainer Ludwig Neecke in den 20er Jahren einen dem Florettfechten abgeschauten Kampfstil der »edlen Kunst der Selbstverteidigung«, wie er im wesentlichen heute noch praktiziert wird. Als »Kölner Schule« ging er in die Boxgeschichte ein: Die lang gestochene Führhand bereitet den Angriff der Schlaghand vor, wobei der Körper des Boxers nicht mehr frontal, sondern seitwärts dem Gegner zugewandt ist. Die »Kölner Schule« produzierte Meister reihenweise. 1927 holten gleich drei Kölner Boxer, Männi Dübbers, Jakob

Domgörgen und Hein Müller, Europameisterschaftstitel. 1930 wurde Jupp Besselmann Europameister im Weltergewicht. Zahllos sind die Kölner Boxer im Gefolge dieser Großmeister, nicht zu zählen die Zuschauer im Colonia-Haus, im »Kristallpalast«, in der »Harmonie« oder im »Metropoltheater«.

Die Glanzzeiten des Kölner Boxsports gingen mit Jupp Elze zu Ende. Dreiundvierzig Profikämpfe hat Elze bestritten, fünfunddreißig davon gewonnen. Am 12. Juni 1968 boxte er in seinem dreiundvierzigsten und letzten Kampf als Herausforderer gegen Mittelgewichts-Europameister Carlos Duran in Köln. In der fünfzehnten Runde landete Duran eine Serie ungeheuer harter Kopftreffer an Elze. Der nahm sie ohne erkennbare Abwehr hin, ging zu Boden, schleppte sich in seine Ecke und brach ohnmächtig zusammen. Die Ärzte stellten fest, daß er gedopt in den Kampf gegangen war. Neun Tage später starb er an den Folgen des Niederschlags in der Kölner Uniklinik. Jupp Elze kam aus Kalk. Bei KHD hatte er als Gießer gearbeitet und 1952 zu boxen angefangen, bei den »Faustkämpfern Kalk«.

Montagabend, im Sommer 1985

Das Deutz-Kalker Bad auf der Deutz-Kalker Straße ist seit einigen Jahren für den Publikumsverkehr geschlossen. Im grüngekachelten Becken der Schwimmhalle, die trotz zahlloser Renovierungen immer noch ein wenig an die Budapester Badepaläste vergangener Zeiten erinnert, schreien tagsüber die Schulkinder, abends die Trainer eines Schwimmvereins. Neben der Kasse, rechts in der Eingangshalle, klebt ein Plakat, das eine überdimensionale Faust zeigt. Hinter der Tür hört man ein dumpfes, rhythmisches

PIZZA-GYROS
GRILL

DATSUN

Klopfen, dazwischen Kettenrasseln, dann wieder ein schnelles, stakkatoartiges Hämmern, und immer wieder heiser gebellte Kommandos: »Hopp! Pick! Zack!« Die Faustkämpfer Kalk trainieren. »Arbeitszeit ist Arbeitszeit!« feuert Jakob Gilles seine Truppe an, die mit Schutzhandschuhen Sandsäcke, Maisbirnen und zwei Schlagwände bearbeitet. Auf ein paar Quadratmetern hängen und stehen die Geräte, weiter hinten im Raum hat gerade noch ein Übungsring Platz. »Gerätewechsel!« Die schwitzenden Körper rücken ein Gerät weiter, schlagen darauf ein, einige heftig, blind, andere besonnen, berechnend.

Ein bunter Haufen ist das, der sich da abmüht. Die einen mit entblößtem Oberkörper, die andern dick verpackt in Plastik-Trainingsanzügen, die Köpfe verhüllt unter Kapuzen. Die Dickverpackten, das sind die Alten Herren, die verbissen Seilchen springen und sich selbst mit vielen »Ähs« und »Ahs« anfeuernd, auf die Geräte eindreschen, ächzend die Illusion nähren, wieder fit zu werden durch die Mühsal des Boxtrainings. Dicke Männer, die vor sechs, sieben oder zehn Jahren das letztemal im Ring standen. Die anderen, die ohne Verpackung, das sind die Hungrigen. Ihr Ziel ist der nächste Kampf. Nicati heißen sie und Ali und Mustafa. Nach jedem Training drängen sie zur Waage. Hinter der Waage steht ein Nicht-Boxer, Fred Sauer, Kassierer, Gerätewart, Organisationsseele der »Faustkämpfer«. »Türkenvater« haben sie ihn in Kalk lange Zeit genannt, denn die »Faustkämpfer« waren in den letzten Jahren ein nahezu exklusiv türkischer Verein. Das ist kein Wunder, denn in Kalk leben sehr viele Türken. Kalk ist ein Arbeiterviertel, und in manchen Straßen sieht es aus wie in einem Slum.

Kalk, könnte man irrtümlich denken, heißt Kalk, weil hier Kalk verarbeitet wird. So dicht stehen die Schornsteine, so viele rot und gelb verstaubte Fabrikhallen der Chemischen Fabrik überragen die kleinen dreigeschossigen Miethäuser. Sie wirken wie ein Anhängsel der Fabrik, und sie sind es auch. Doch Kalk hieß schon Kalk, bevor 1858 die Gründer der »Chemischen«, Hermann Grüneberg und Julius Vorster, beschlossen, hier Kali zu produzieren. Sie taten das, weil der Baugrund in Kalk der billigste in ganz Köln war. Kalk war damals nichts anderes als eine Ansammlung von Bauernhöfen rund um die Gnadenkapelle mitten im freien Feld. Die »Chemische« gedieh, und Schornstein reihte sich an Schornstein. Kalk wurde ein Zentrum der deutschen Düngemittelherstellung und entwickelte sich zu einer Fabrikstadt, einer Arbeiterstadt. Zwischen den Kriegen war es dann auch eine Hochburg des Arbeitersports: Kölner Radrennfahrer, Kölner Ringer, Kölner Boxer, – viele von ihnen kamen aus Kalk.

Nach dem Krieg waren es die »Faustkämpfer«, die diese Tradition fortschreiben wollten. »Faustkämpfer«, das waren alles Kalker Arbeiter aus den Fabriken, die sich hier rund um die »Chemische« niedergelassen hatten. Da war die Batteriefabrik Hagen, die Maschinenfabrik Stühlen, die Stahlbaufirma Liesegang. Anfang der 80er Jahre machten Liesegang, Hagen und Stühlen in Kalk dicht. Dann kam die Stadtverwaltung, untertunnelte Kalk mit einem U-Bahn-Labyrinth und verschönte die Kalker Hauptstraße zu einem Aldi-Einkaufs-Paradies. Doch blieb Kalk, was es war: eine Proletenstadt, die Seitenstraßen rechts und links der Hauptstraße so heruntergekommen wie früher, die Häuser bewohnt von immer mehr Türken.

Die Söhne der türkischen Arbeiter und Putzfrauen werden nach der Hauptschule ins Berufsvorbereitungsjahr gesteckt, danach stehen sie auf der Straße und können froh sein, wenn sie irgendwo einen Hilfsarbeiterjob bekommen.

Zum Beispiel Hussein. Hussein ist sechzehn Jahre alt, ohne Ausbildung, Anstreichergehilfe. Hussein ist klein, untersetzt und dreimal in der Woche beim Training. Er ist Gilles' fleißigster Mann, arbeitet mit ernstem Gesicht, ist ehrgeizig beim Sparring, im Ring ein technisch sauberer Boxer; sein Fehler, wenn's denn einer ist: er sucht in jedem Kampf zu früh die Entscheidung, geht mit der Brechstange an den Gegner, kassiert viel durch Konter und hat sich oft schon in der ersten Runde verausgabt. Zu sehr will er den Erfolg, zu unbedingt den Sieg, um sich seine Kraft für drei Runden einzuteilen. Trotzdem ist er einmal Vize-Mittelrheinmeister geworden, dank seiner Kondition, seiner Kraft und dank der Wut, die in seinen Fäusten steckt.

Ali Cakir ist ein Mann, der die Wut der türkischen Jungs zu kanalisieren versteht. Ali hat früher in der türkischen Nationalstaffel geboxt und war später Trainer. Heute ist er Sozialarbeiter im Quäker-Nachbarschaftsheim am Westbahnhof, einer Jugendtagesstätte, in der fast nur türkische Jugendliche verkehren. Ali erneuerte, als er dort anfing zu arbeiten, seine Trainerlizenz. Der Grund: alle zwei Wochen nahmen seine Halbstarken das Nachbarschaftsheim auseinander. Ali hing ein paar Sandsäcke auf, schaffte Boxhandschuhe an, und später installierte das Jugendamt sogar einen Übungsring im Quäker-Heim. Seitdem gibt es da keine Krawalle mehr.

Die Jungs trainieren mit Ali, und Ali schickt sie, wenn sie »soweit sind«, zu den Faustkämpfern und zu Trainer Gilles, der sie auf Kämpfe vorbereitet. So kam es, daß Sauer, Gilles und der Vorsitzende der Faustkämpfer, Tönnes, in Kalk zu »Türkenvätern« wurden, − und eigentlich sind sie das heute noch. Denn zwar sind die »Faustkämpfer« jetzt wieder zur Hälfte mit deutschen »Kalker Jungs« bestückt, doch außer Thomas Bel und dem zweimaligen

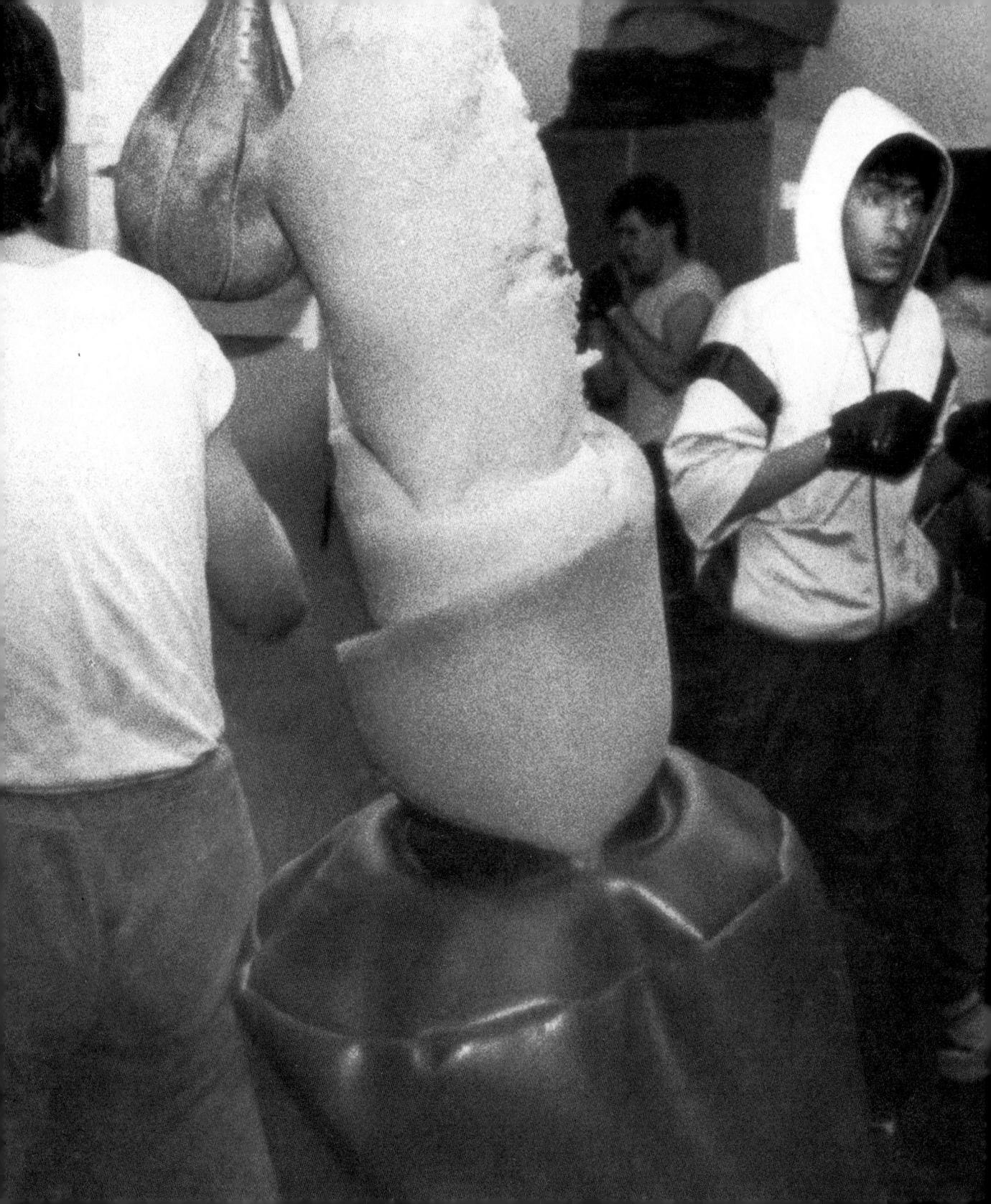

deutschen Meister, Jörg Bonn, sind keine großen Lichter mehr darunter. Die »Faustkämpfer« boxen in keiner Liga mehr, nehmen nicht mehr mit kompletter Staffel an Meisterschaften teil. Allzuviele Lorbeeren gibt es hier nicht zu erkämpfen. Nicht mehr.

Kalk, im April 1966

Adi Beiden beschließt, ein Fotoalbum seiner Boxerlaufbahn anzulegen. Am 13. März hatte er diese Laufbahn beendet mit seinem 125. Kampf für die Faustkämpfer Kalk. Es war leider kein Sieg aus Adis Abschiedsvorstellung geworden. Zu ehrgeizig, zu raffiniert war Dieter Albrecht vom BC Westen, einem Ehrenfelder Club, in diesem Kampf gewesen, und zudem war es für Albrecht ein Heimspiel: Nicht im Festsaal der »Chemischen«, sondern in der Sporthalle Everhardstraße hatte der rein kölsche Boxvergleich zwischen den »Faustkämpfern« und den Ehrenfeldern stattgefunden. Die »Faustkämpfer« mußten sich schließlich mit 5:15 Punkten geschlagen geben. Adi Beiden hatte sich tapfer gehalten, aber dann doch nach Punkten verloren. Sei's drum, es war nicht seine erste Niederlage, und immerhin gab es viel mehr Siege als Niederlagen in seiner Laufbahn.

Zwischen blauen Kunstleder-Deckeln hält Adi auf dreißig schwarzen Fotoalbum-Seiten diese Laufbahn in Bildern fest: Adis Geschichte und zugleich die Geschichte der Kalker Boxer. Die ersten Bilder sind fast schwarz. Aus dem Dunkel der Unterbelichtung erscheint ein dünner Kämpfer im schwarzen Trikot der »Faustkämpfer«. Er steht mit dem Rücken zur Kamera und fixiert, mit erhobenen Fäusten, einen Gegner, dessen Gesicht vom Ringseil verdeckt ist. Kampfszenen mit Adi Beiden, überdimensio-

94

nal die Ringseile, dahinter unscheinbar die Boxer. Einmal eine scharfe Aufnahme, auf der deutlich Adi zu erkennen ist, wie er auf dünnen Beinen mit gesenktem Kopf in den rechten Aufwärtshaken seines Gegners hineinläuft. Dann Gruppenaufnahmen: die Staffel der Faustkämpfer nach dem Training. Sie stehen, Hände auf dem Rücken, die Blicke ernst in die Kamera gerichtet, vor einer Brandmauer. Das war im Luftschutzbunker in der Remscheider Straße, in dem sie in den 50er Jahren trainierten. Arbeitergesichter, die Haare nach dem Duschen frisch pomadisiert, straff nach hinten gekämmt. Neben dem schmalen Adi der etwas kleinere, kompaktere Jupp Elze. Dann die Staffel im Freien, alle in Regenmänteln, Trainer Heinz Abels mit Hut im Hintergrund, sie lachen. Damals hießen sie noch die »Möbelwagenstaffel«, denn keiner von ihnen hatte damals ein Auto, und deshalb fuhr sie der Lüpsche Hubert immer mit seinem Möbelwagen zu den Kämpfen, und sie schlugen im Rheinland alles, was Rang und Namen hatte. Wieder Ring-Fotos: Adi im Kampf. Sein Gegner nach einem Treffer im Fallen, die Haare strähnig in der Stirn, offensichtlich schwer K.o. Adi hat die rechte Schlaghand bereits wieder zur Deckung hochgenommen, lauert noch, beobachtet den besiegten Gegner. Zeitungsausschnitte: »Beiden wurde K.o.-Sieger!« »Beidens hundertster Kampf ein K.o.-Sieg!« Zeitungsfotos: Neben Adi ein stolzer Jupp Elze mit Blumengebinde in den Fäusten. Adi war fünfzehn Jahre der Star der Faustkämpfer, bevor er nach seinem 125. Kampf aufhörte und ihr Trainer wurde.

Der schmale, dünnbeinige Leichtgewichtsboxer Adi Beiden ist jetzt ein stämmiger, schnauzbärtiger Fünfziger, Großvater schon, die Haare leicht angegraut, Arbeiter bei KHD seitdem er sechzehn ist. Sein Vater wollte ihn Gärtner werden lassen, doch daß Adi auf dieses Vorhaben nicht ansprach, hatte sich der Vater selbst zuzuschreiben. Adi hatte von Kindheit an im väterlichen Schrebergarten mitarbeiten müssen, hatte Schubkarren voll Kartoffeln und Kappes von den Poller Wiesen nach Kalk karren müssen. Gärtner? Niemals! Lieber ging er als Hilfsarbeiter zu KHD.

Auf den letzten Seiten seines Fotoalbums schließlich einige großformatige Pressefotos von ihm, dem Mittelrheinmeister. Fotos von der Staffel im schwarzen Trikot, neben Adi der immer lächelnde Jupp Elze. Eine Flut von Zeitungsausschnitten, ohne chronologische Ordnung. Die Reihenfolge seiner vielen Siege und seiner Niederlagen scheint Adi nicht zu interessieren. Selbst auf dem Foto, auf dem Jupp Elze in Kämpferpose zu sehen ist, quer überschrieben mit der Widmung »Meinem Freund Adi Beiden, Jupp Elze«, hat Adi zwar in der oberen rechten Ecke mit Kugelschreiber das Todesdatum seines Freundes Jupp, »21. Juni«, notiert, das Jahr, 1968, hat er vergessen.

Köln, im Februar 1986

Ein silbergraues 280er Sportcoupé bremst scharf, stoppt vor dem »Klein Köln« in der Friesenstraße, parkt schließlich in der zweiten Reihe. Der nachfolgende Verkehr gerät ins Stocken, quält sich dann mühselig an dem Mercedes vorbei. Den Fahrer scheint's nicht zu stören. Der sich da mit selbstverständlicher Gelassenheit aus dem Sportwagen hebt, dem ist nicht mehr anzusehen, daß er einmal zu Kölns talentiertesten Leichtgewichtsboxern gehörte. Von seiner Boxerkarriere ist nur noch sein Name geblieben: »Beckers Schmal«.

Dieter Becker schiebt seine zweieinhalb Zentner lässig in sein Lokal. Er will nur mal eben die frisch gedruckten Plakate für den nächsten Kampf aufhängen. »René

Weller – Moussa Sangare, Köln, Sartory-Festsaal, 1. März 1986«. Dieter Becker ist Kneipenwirt, Ex-Boxer, Fußball-Promoter, Box-Promoter, und er ist Kalker und deshalb auch zweiter Vorsitzender der »Faustkämpfer Kalk«, seines alten Vereins.

Das »Klein Köln« ist buchstäblich gepflastert mit Fotografien aus Kölner Boxertagen. Gleich wenn man hereinkommt, blickt einem Jupp Elze entgegen. Sein stilisiertes Portrait hängt über einer Reproduktion von Oskar Kokoschkas Köln-Ansicht. Gleich daneben klebt Becker das neue Plakat an die Wand. Seit langem die größte Boxveranstaltung, die er organisiert. Nichts mehr richtig los mit dem Boxen in Köln, auch mit seinen Kalker »Faustkämpfern« nicht. Die sind für ihn zu einem Altherrenclub heruntergekommen, seitdem sie nicht mehr in der Liga boxen. Er wäre ja bereit, den einen oder anderen guten Boxer zu kaufen und zu promoten, so daß wieder eine komplette Staffel auf die Beine käme, aber die anderen vom Vorstand ziehen da nicht mit. Sie wollen ein Kalker Verein bleiben, wollen die Jungs aus dem Viertel von der Straße in ihren kleinen Trainingsraum im Deutz-Kalker Bad holen, ihnen liegt nichts an dazugekauften Kämpfern. Dieter Becker winkt resigniert ab, wenn von den »Faustkämpfern« die Rede ist. Er kümmert sich nicht mehr drum, will seinen Vorstandsposten drangeben. Zu mickrig ist ihm die Wirklichkeit der kölschen Amateurboxszene. Er träumt noch immer von den großen Kämpfen, den starken Fightern, von tosenden Ring-Arenen. Die Plakatrolle unterm Arm schreitet er so gelassen, wie er hereingekommen ist, aus dem »Klein Köln«, ignoriert die hupenden Autos, schwingt sich hinters Lenkrad und braust zur nächsten Kneipe, um seine Plakate aufzuhängen und sich seinem neuen Hobby, einer Fußballmannschaft, zu widmen.

Köln, 1. März 1986

Dieter Becker ist in seinem Element. Er braucht sich nicht umzuziehen, den kanariengelben Jogginganzug hat er ohnehin immer an. Der Sartory-Saal ist fast voll. Dreizehnhundert Zuschauer umlagern den Ring, drängeln im Foyer, sitzen bereits an den vornehm weiß gedeckten Tischen rings auf den Emporen oberhalb des Ringgevierts. Begrüßungen, Schulterklopfen, die Szene der Box-Aficionados unter sich. Die erste Profi-Boxveranstaltung in Köln seit über zwei Jahren. Fred Sauer von den »Faustkämpfern« ist natürlich auch dabei, schließlich läuft ohne ihn nichts hier, denn von den »Faustkämpfern« stammt der Ring, den die Kalker heute morgen aufgestellt haben und um den sich jetzt alles drehen wird. Es brodelt nicht gerade im Sartory, aber ein bißchen gespannte Erwartung klingt doch mit im Stimmengewirr. Jetzt wird die Saalbeleuchtung gedämpft, und nur noch der Ring steht in grellem Licht. Quäkend prustet so etwas wie eine Siegesfanfare durch die Lautsprecher, es folgt mit Getöse Wagners Walkürenritt. Der Ringsprecher verkündet die erste Begegnung des Abends: Graziano Rocchigiani, der Italiener aus Berlin, gegen den schwarzen James Cook aus England im Mittelgewicht. Scheinwerfer verfolgen die in ihre grellfarbenen Mäntel gewickelten Boxer auf ihrem Gang von den Kabinen durch die Zuschauer hindurch bis zu ihren Ecken. Der Saal verstummt, der erste Gong des Abends ertönt.

Während »Grazze« und der Engländer abtastend Führhände kreuzen, fintieren und die ersten »Ohs« und »Ahs« durch die Zuschauer gehen, bemuttert Beckers Schmal in der Kabine seinen Boxer. Mario Guedes, dem in Aachen lebenden Argentinier, steht der dritte Profi-Kampf bevor, der zweite unter Dieter Beckers Regie. Endlich hat sich

99

Dieter einen alten Traum erfüllt: er hält sich einen Profi! Fürsorglich wickelt er dem Schwergewichtler die Bandagen um die Fäuste, zurrt sie mit den Zähnen fest, verklebt die Enden mit Lassoband, prüft, ob sie fest genug um die Daumen herum sitzen. Dann steht Mario auf. Fotografentermin. Der »Pampas-Stier« reckt sich, läßt unterm Sweatshirt seine gewaltigen Brustmuskeln tanzen, so daß man leicht die Fettwülste am Bauch und um die Hüften übersehen könnte. Dieter streckt dem Boxer spielerisch seine zierlichen Hände entgegen, der schlägt danach, kurz und trocken. Dann lachen beide in die Kameras und stellen sich den Reportern.

Draußen im Saal muß »Grazze« unterdessen über die volle Distanz gehen, muß viel vom giftigen, gefährliche linke Haken austeilenden Engländer nehmen, um mühevoll einen Punktsieg zu erringen. Siegesfanfare, dann geht der Boxzirkus weiter, Runde um Runde. Das Publikum reagiert zurückhaltend, kommentiert fachmännisch nur die wirklich gelungenen Aktionen der Fighter. Zwei Schwarze, der eine aus Namibia, der andere aus Uganda, schlagen sich tapfer acht Runden lang. Dann ist »Grazzes« Bruder Ralf an der Reihe und gewinnt, weil sein Gegner dreimal wegen Klammerns verwarnt wurde. Pause. Schon wieder die Siegesfanfaren aus den Lautsprechern, jetzt wird »Sportprominenz« in den Ring geholt, Peter Müller frenetisch bejubelt. Ein lebender Mythos. Er verbeugt sich, wirft Kußhändchen ins Publikum, verbeugt sich wieder. Immer noch ist er Kölns größter Boxer. Kein einziger Kölner Boxer ist heute abend im Programm! Nicht daß es überhaupt keine Profiboxer in Köln gäbe. Aber Boxmethusalem Horst Lang oder der mehr als übergewichtige Werner Pelz bezogen beim letzten Profi-Treff vor einem halben Jahr in Aachen dermaßen Prügel, daß sich keiner der Veranstalter

100

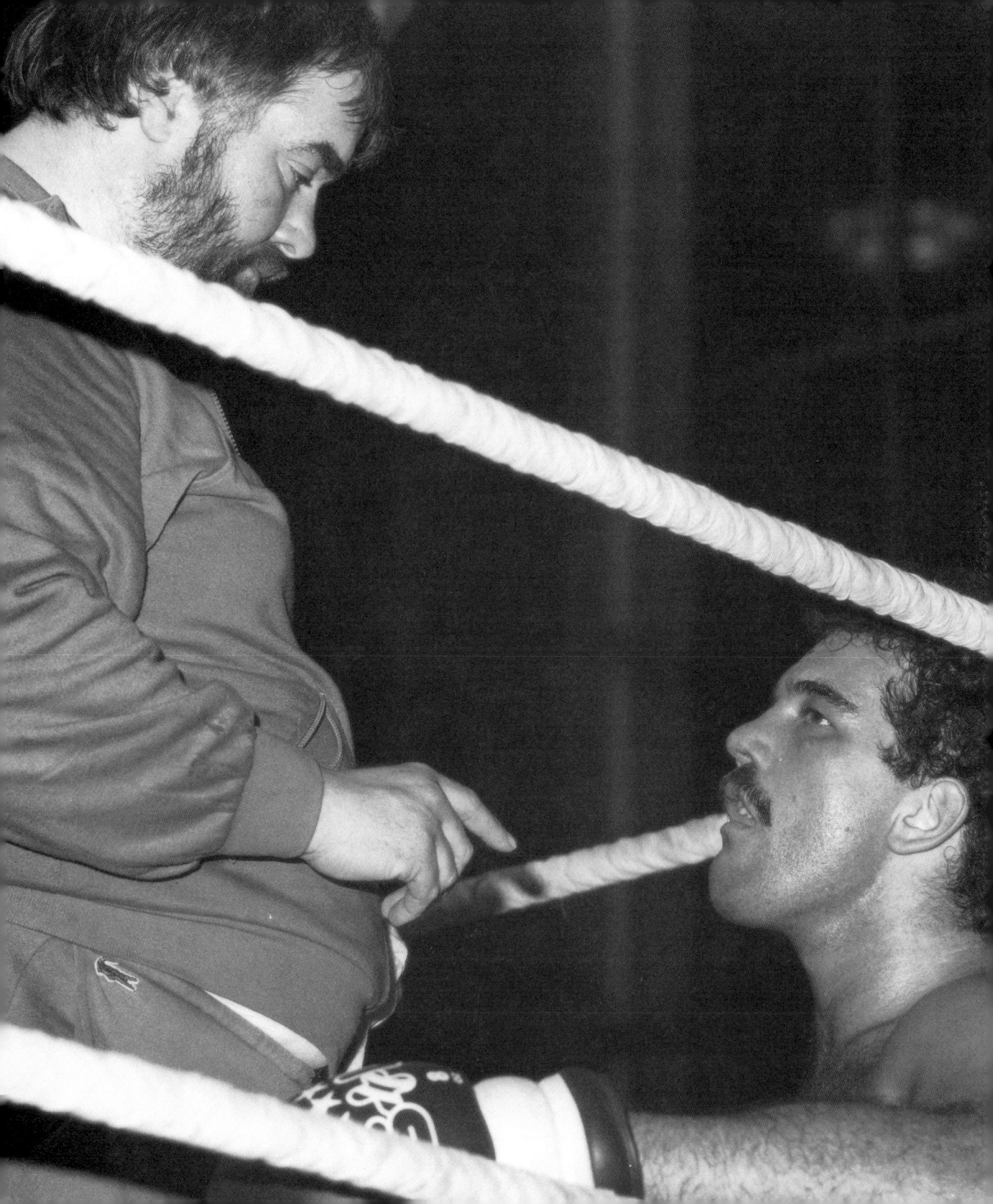

traute, sie in die Schau heute abend aufzunehmen und sie in eine Reihe zu stellen mit dem »Golden Boy« René Weller, der den Hauptkampf machen wird und der die Zuschauer lockt.

Die Pause geht zu Ende. Wieder verdunkelt sich die Saal-Beleuchtung, wieder Wagner-Klänge. Der »Pampas-Stier« klettert in den Ring. Hinter ihm gleich Dieter Becker, es ist schon erstaunlich, mit welcher Behendigkeit sich der Zweieinhalbzentnermann hier bewegt. Gong. Guedes stürzt in die Ringmitte, wirklich, wie ein Stier! Dreizehn Kilo ist er schwerer als sein Gegner, Nowak Radanoviç, und entsprechend langsamer auf den Beinen. Doch vom ersten Augenblick an treibt er ihn vor sich her, der Jugoslawe stellt sich nicht, weicht immer wieder aus, duckt und dreht sich weg, die gewaltigen, weit ausgeholten Schwinger und Haken des Argentiniers gehen ins Leere.

Gong. Pause. Beckers Schmal in seinem kanarienvogelgelben Jogginganzug jetzt voll in Aktion. Abtupfen, Mineralwasser, Hose auf, Handtuchwedeln. Zwischendurch — Beckers Zeigefinger ist ermahnend ausgestreckt — flüstert er seinem Schützling Instruktionen ein. Dieter sekundiert mit unglaublicher Geschicklichkeit und mit konzentrierten, genauen Bewegungen seinen Boxer. Doch es hilft nichts. Guedes kriegt seinen Mann nicht in den Griff. Immer noch läuft der Jugoslawe weg, und wenn Guedes ihn in die Enge getrieben hat, geht er sofort in den Clinch, klammert, verteilt Nackenschläge, puncht auf die Nieren. Guedes wird wütend, stellt sich schließlich in die Ringmitte und hebt die Arme: Was soll ich denn machen? Das Publikum pfeift den Jugoslawen aus, johlt, die Stimmung ist für Beckers Mann: »Jetzt knips ihn aus! Den will ich fallen sehen!« Dann endlich, in der siebten Runde, landet Guedes einen weit ausgeholten rechten Haken am Kopf des Gegners. Der schwankt, wird ausgezählt. Die Pause, die letzte, rettet ihn. In der nächsten Runde dann das Aus: eine links-rechts-Kombination des wutschnaubend prügelnden Guedes holt ihn buchstäblich von den Beinen. K.o.-Sieg! Der erste des Abends! Dieter Becker tanzt vor Freude wie ein Irrwisch. Ist ein neuer Stern am Kölner Boxhimmel aufgegangen? Nein. Es gibt keinen Boxhimmel mehr in Köln. Mario Guedes wird sehr bald wieder in der Versenkung verschwinden, und kein neuer Jupp Elze wird so bald erscheinen. Doch abends im Deutz-Kalker Bad trainiert weiter der Arbeiter-Boxclub »Faustkämpfer Kalk«: »Hopp! Pick! Zack!«

Im Bauch von Köln

Florent ging auf und ab im Duft des Thymians, er war zutiefst glücklich über den Frieden und die Reinlichkeit dieser Erde. Seit fast einem Jahr kannte er nur vom Rütteln der Karren zerquetschtes, am Abend vorher ausgerissenes, noch blutendes Gemüse. Er freute sich, es hier, wo es daheim war, zu finden, ruhig im Humus und an all seinen Gliedern gesund. Die Kohlköpfe hatten ein breites, wohlgenährtes Gesicht, die Möhren waren vergnügt, und die Salatköpfe gingen im Gänsemarsch mit der Nachlässigkeit von Nichtstuern. Die Markthallen, die Florent am frühen Morgen verlassen, erschienen ihm wie ein weites Beinhaus, eine Stätte des Todes, wo nur Kadaver von Wesen herumlagen, ein Leichenschauhaus voller Gestank und Verwesung. In den Markthallen war alles im Sterben. Die Erde war das Leben, die ewige Wiege, das Heil der Welt.

Emile Zola, Le Ventre de Paris

Doppelscheinwerfer blitzen, 30-Tonner rumpeln, bocken, fauchen aus dem Dunkel, in das Bonner- und Brühler Straße noch getaucht sind. Es ist halb zwei Uhr nachts. Schranken schwingen in die Höhe, die Laster hoppeln über Gleisanlagen, im Scheinwerferlicht huschen einzelne Gestalten. Die runde Kuppel der Markthalle, eben noch von schwarzer Nacht umgeben, hebt sich jetzt gegen das fahle Licht der Neonleuchten ab, die das Gelände beleuchten. Motoren dröhnen auf dem freien Platz vor der Halle, Luftdruckbremsen zischen, die Fahrer springen aus ihren Führerhäusern, sie lösen die Planen ihrer Züge und Anhänger. Aus den seitwärts liegenden, flachen Gebäuden rollen die ersten Gabelstapler, in die vom Scheinwerferlicht der LKW jetzt hell erleuchtete Nacht.

Hinter den Lenkrädern vermummte Männer. Es ist kalt. Die Lastzüge werden entladen, die Gabelstapler reißen ihnen große Blöcke, mit Kisten beladene Paletten, aus den prall gefüllten Eingeweiden: Tomaten aus Italien, Porree aus Holland, Apfelsinen aus Spanien. 300 Lastwagen, jede Nacht. Der Strom der Gabelstapler und Elektrokarren ins Innere der Halle beginnt zu fließen. Die Halle füllt sich. Der Bauch von Köln wird vollgepumpt, hunderte, tausende Tonnen Gemüse, Käse, Fische, Obst. Um vier Uhr wird der Kölner Großmarkt offiziell geöffnet.

Die halbdurchsichtige Tür aus schwerer Plastikfolie schwingt auf, klappt zu. Unten rollt ununterbrochen das Band, transportiert Schweinehälften. Von der Decke sirren Zugkabel, breite, blutverschmierte Hände greifen nach Sägen. Stählerne Manschetten, Schürzen aus Stahlplättchen, zusammengefügt wie mittelalterliche Schuppenpanzer, verklebt von geronnenem Blut, schützen die Körper der Männer. Zwischendurch immer wieder das scharfe Zischen der Klingen am Wetzstahl. Messer werden durchs Fleisch geführt, um Knochen herum geschält, Fettreste fallen, werden zu Boden geworfen, bilden ekelhaften weiß-gelben Brei auf eisernen Rosten und roten Kacheln.

Firma Wilpütz, Schlachthof Köln, Liebigstraße, Ehrenfeld. Anderthalb dutzend Metzger, Fleischarbeiter, zerlegen hier von 10 Uhr in der Nacht bis in den frühen Morgen einige Tausend Schweine. 25 Tausend Schweine pro Woche sind es, die hier im Kölner Schlachthof verarbeitet werden. Fünf Millionen Schweinefleischesser werden in Köln und Umgebung mit dem rosa-weißlichen Fleisch der so überaus menschenähnlichen Tiere versorgt. Nur zweitausend davon werden allerdings hier, gleich nebenan, im Schlachtgang geschlachtet. Die anderen kommen in Kühlwagen aus den kleineren Schlachthöfen im Münsterland, aus der Oldenburger Gegend. Ihre in Hälften zerschnittenen, ausgeblute-

ten und entweideten Leichname werden im Kölner Schlachthof bloß in vermarktbare Teile zerschnitten, zersägt, in Folien eingeschweißt und an Haken gehängt. Klack, Klack, macht das stählerne Förderband an der Decke. Schweinbäuche, Schweinerücken, Schweineschinken wandern nach draußen. Kühlwagen füllen sich. Metzgergesellen in blauen Kapuzenkitteln stochern die Haken von den Fließbändern mit Stangen in die Kühlwagen. Nicht versiegend der Strom toter halber Schweine in den Raum mit dem Förderband. Sägen knirschen, Messer schlitzen, Schwarten fliegen in fahrbare Stahlkörbe. Hier Beine, da Ohren, da halbierte Köpfe, aus denen Zähne blecken. Fließbandarbeit. Wie bei Ford der Escort entlang der unentwegten Förderstraße wächst, schrumpfen hier Schweine zu Hämchen, Schinken, Koteletts.

Kisten voll Kiwis, voll roter und grüner Paprikaschoten, Mandarinen, Zucchini, Artischocken. Stapel von Kisten. Dutzende, hunderte. Gerd Zerres kontrolliert den Aufbau vor seinem Stand in der Markthalle. Winkt Ferdi, seinen Gabelstaplerfahrer, ein. Ein Dutzendpack Paprika hierhin, ein anderes dahin, Zerres stellt die obersten Kisten eigenhändig schräg auf die anderen, so daß nachher die durch die schmalen Gänge der Markthalle äugenden Käufer seine Ware begutachten können. Gerd Zerres ist Importeur. Als er hier auf dem Großmarkt im Süden Kölns anfing, 1948, da waren die Funktionen noch scharf getrennt. Es gab die Importeure und die belieferten die Großhändler. Die Großhändler hatten hier ihre Stände, und morgens ab vier Uhr kamen die Einzelhändler, um mit den Großhändlern um die Preise zu feilschen. Für Zerres übrigens die Erklärung, weshalb der Großmarkt traditionell so früh aufmacht: »Die Käufer brauchen die Zeit, um die Großhändler weichzukneten.« Heute gibt es die scharfe Trennung der Funktionen nicht mehr: Importeure sind gleichzeitig Großhändler, Großhändler sind Importeure. Und selbst die Makler, Leute, die früher lediglich Kontakte zwischen Erzeugern und Importeuren herstellten, müssen ihre Ware oft genug selber handeln. Im Obst- und Gemüsehandel ist die Decke dünn geworden, und seitdem ist auch die alte Marktordnung dahin. Dahin die Zeit, in der noch vor jedem Stand Trauben von Käufern und Verkäufern feilschten wie die Kesselflicker, in der Scharen Kölner Einzelhändler mit ihrem Opel Kapitän samt Anhänger Schlange standen vor der Markthalle. Jeder Importeur, jeder Großhändler hat jetzt seine eigene Kolonne von Lieferwagen, mit denen er die Stadt versorgt.

Einzelhändler kommen nicht mehr so oft wie früher zum Großmarkt, obwohl es − Ausdruck eines gestiegenen Qualitätsbewußtseins beim Endverbraucher − gerade wieder Mode wird. Eine teure Mode, denn Zerres und seine Kumpane verschenken an solche Kleinabnehmer wahrhaftig nichts! Trotzdem: im »Bauch von Köln« wird nur noch ein Drittel dessen umgeschlagen, was die Stadt im Laufe des Tages verzehren wird. Die beiden anderen Drittel an Obst und Gemüse, die durch kölsche Verdauungsgänge wandern werden, gehen am Großmarkt vorbei, gleich in die Supermarktketten.

Der Bulle will nicht den Steg vom Viehwagen hinunter. Er senkt den Kopf, stemmt sich mit den Vorderklauen gegen eine Holzleiste, machtlos zieht der Viehhändler an dem Strick um den Hals des Tieres. Er schreit, schlägt mit einem Knüppel auf das Hinterteil. Endlich bewegt sich der Bulle, vorsichtig eine Klaue über die Leiste hebend. Alles Vieh hat Angst, in die Tiefe zu steigen. Wieder zerrt der Händler

108

am Strick, der Bulle verliert das Gleichgewicht, strauchelt, stürzt vom Steg, kommt unten zu Fall. Alle vier Beine hilflos in die Luft gestreckt, die Hinterbeine schlagen wild aus. Er kommt nicht hoch, die Vorderbeine greifen ins Leere. Der Händler läuft zu ihm, gibt ihm Hilfestellung, indem er mit seinem Fuß der Vorderklaue des Tieres Halt gibt.

Endlich richtet es sich auf, setzt sich in Gang, den anderen Bullen hinterher, mächtigen, anderthalbjährigen Stierkälbern, die sich zwischen Eisengittern vor dem Schlachtgang drängen, ihre Kraft sinnlos in Stoßen und Schubsen verausgabend, so als ginge es an den Futtertrog und nicht in den Tod. Der Viehhändler treibt sie mit Stockschlägen in den Gang. Hinten wartet der Schlächter. Der erste Bulle steht jetzt bei ihm, eingezwängt zwischen Eisengittern, hinter ihm senkt sich ein weiteres Gitter von oben herab. Das Tier kann seine Kraft nicht mehr einsetzen, ist endgültig gefangen.

In einem Kasten am Kopfende des Pferchs liegt die Waffe, zylindrisch, schwarz, ein Bolzenschußapparat. Der Schlächter öffnet die Kammer, legt eine Patrone hinein, schließt die Kammer. Er hebt die Hand mit dem Apparat über den Kopf des Bullen. Eine selbstverständliche, routinierte, eine vollkommen sachliche Geste. Der Zylinder liegt für eine halbe Sekunde über dem Ohr des Tieres, ein Knopfdruck, tief dringt der Bolzen ins Gehirn des Bullen. Dem schlägts die Beine weg, alle vier auf einmal rutschen kraftlos unter den Bauch. Acht Zentner Stier schlagen dumpf auf die Kacheln, über seine Stirn läuft Blut.

Die Kette. Der Kopfschlächter schlingt sie dem Tier, das noch drei-, viermal zuckt, um ein Hinterbein. Knopfdruck, die Kette ist oben an einem Laufband befestigt, sie strafft sich, das Bein des Tieres wird gestreckt, dann schwebt der

110

massige Körper frei, wandert jetzt ein Stück weiter. Der Kopf hängt über einem Becken, er bewegt sich nicht mehr. Der Schlächter greift in den Köcher, der an seinem Gürtel über der Schürze hängt, zieht das Messer heraus, sticht es dem Tier in den Hals, gleich unterm Ohr, dicht am Schädel, zieht das Messer vom Kopf weg, durchtrennt den Hals. Lose baumelt der Kopf jetzt noch an ein paar Halswirbeln. Blut, eimerweise Blut, dunkles, schweres, dickflüssiges Blut stürzt aus dem Leib des Tieres. Es dauert noch einige Augenblicke, dann wandert die Kette oben am Förderband schon weiter, und der Schlächter schiebt den Stier voran auf die Schlachtstraße. Der Viehhändler hat das hintere Gitter der Tötungsbucht geöffnet, den nächsten Stier hineingetrieben, die Großtierschlachtung kommt in Gang. Siebzig Bullen warten draußen vor dem Schlachthof.

Ein scharfer Wind geht über die schwarzen Felder, Nebel kriecht aus allen Furchen, quellend zuerst, dann vom Wind in Fetzen gerissen, es ist kalt am frühen Morgen. Johann Frechen kommt nicht dazu, seine Hände zum Aufwärmen aneinander zu reiben. Der Diesel stottert sich rund, Schwiegersohn Walter sitzt wartend hinterm Lenkrad. Der alte Frechen hievt die letzten Kisten mit fettem, kurzstieligem Porree auf die Ladefläche. Gertrud kommt aus der Toreinfahrt des rot verputzten Häuschens, läuft, zurrt sich im Lauf ihre Wollmütze über die Ohren, klettert zu Schwiegersohn und Tochter ins Führerhaus. Johann klinkt die Ladeklappen zu, der Diesel stößt beim Anfahren eine böse schwarze Wolke aus dem Auspuff. Es wird Zeit! Nach acht Uhr läßt der Marktmeister keinen Verkäufer mehr auf den Auerbachplatz in Sülz.

Seit fünf Jahren erst produzieren die beiden Gemüsebauern aus Alfter bei Bonn − Johann Frechen und sein

Schwiegersohn Walter Rieck — für Kölner Wochenmärkte. Davor hatten sie es eigentlich nicht nötig, ihren Kappes und ihre Kirschen an Hausfrauen zu verkaufen. Früher — und das fünfzig Jahre lang — brachte Johann Frechen seinen dicken Porree, den Kappes, die Erdbeeren, Himbeeren, Johannisbeeren, die Tomaten — schwere, süße Tomaten — fünfzig Jahre lang brachte Frechen all seine Gartenzier zur Versteigerung auf den Roisdorfer Großmarkt. Jetzt lohnt sich das nicht mehr. Jetzt sind die Treibhausanbieter aus dem Ausland zu übermächtig geworden. Sie liefern ihre Ware ab, wie gemalt. Eine Tomate wie die andere, rund und blaß, und sie schmecken nach nichts, — Handelsklasse I A! In Roisdorf wird jetzt nur noch diese, die »beste« Handelsklasse versteigert. Und das ist der Grund, weshalb Frechen nicht mehr nach Roisdorf fährt, nicht mehr fahren kann!

Denn welcher kleine Selbsterzeuger — Frechen hatte früher gerade zehn Morgen Land, sein Schwiegersohn hat jetzt vielleicht das Doppelte — welcher Gartenbauer kann immer nur diese plastikgenormte Erste Qualität abliefern? Höchstens zwei Drittel — und das auch nur, wenn man spritzt wie der Teufel — höchstens zwei Drittel der Garten- und Feldproduktion sind eben I A. Der Rest gilt auf den Großmärkten als minderwertige Ware, ist nicht absetzbar. Soll man die wegschmeißen? Das ist einer der Gründe, weshalb Bauer Frechen jetzt nach Köln fährt. Der andere: mit den Preisen der Holländer und Bulgaren kann er einfach nicht mithalten. Auf den Wochenmärkten in Köln, Bonn oder Brühl gehen Obst, Gemüse und Blumen bombig, seit die Leute wieder Wert auf »Naturnahes« legen. Und Gemüse »naturnah« aussehen zu lassen, das ist für einen alten Bauern wirklich kein Problem! Johann schließt das Haustor, geht, erstaunlich aufrecht und elastisch für seine 75 Jahre – 60 davon hat er gebückt, kniend auf dem Feld verbracht –, über den Hof in die Küche. Es ist noch ein Rest Kaffee in der Thermoskanne.

Zerres steht am Schreibpult, telefoniert. Seit einer Dreiviertelstunde klebt der Hörer ununterbrochen an seinem Ohr. Er keift in die Sprechmuschel, stößt zwischen den bärtigen Lippen trocken Zahlen aus, horcht, nennt neue Zahlen. Legt auf. Klingeln. Hebt ab. Zahlen. Zahlen. Zerres handelt Preise aus. Die Großmarktromantik hat sich aufs Telefonieren reduziert. Trotzdem wird hier auch heute noch so mancher Faden gezogen. Angebote kommen, Aufträge kommen. Manchmal importiert Zerres auch noch für einen Großen. Mangofrüchte für Karstadt. Doch wer im Februar gleich einen ganzen Sattelschlepper Erdbeeren aus Valencia bestellt, der braucht die Zwischenstation Großmarkt nicht mehr. Der Sattelschlepper rollt von Valencia durch bis zum Edeka-Lager in Bocklemünd.

Zerres hat sich rechtzeitig umgestellt. Neuorientierung an der Restaurant-Freßwelle. Immer noch steht er am Telefon, schiebt sich zornig die Baskenmütze auf die Halbglasbrille: »Einsneunundsechzig kostet die lote Paplika, odel gal nichts!« Seine Kunden sind fernöstlich oder mediterran, sind die Feinschmecker-Restaurants, Küchen, die sich aufs Exotisch-Exklusive verlegt haben. Damals, als Zerres mit dieser Spezialisierung anfing, lachten ihn die anderen Großmarkt-Händler aus: »Nur eine Idiot schreibt hundert Rechnungen, um tausend Markt zu verdienen!«

Jetzt wimmelt der Großmarkt nur noch von solchen Idioten. Nicht daß sie jetzt alle ganz kleine Brötchen backen müßten. Aber die ganz dicken Brötchen auch nicht mehr. Natürlich gibt es auch noch die Großen, die Millionäre, aber auch die haben sich spezialisiert. Peter Heep, ein alter Großmarkthase, macht mittlerweile 100 Millionen Umsatz im Jahr, auch mit exotischen Früchten. Horst Kröger handelt im Winter ausschließlich mit Kernobst, im Sommer mit Brombeeren und Himbeeren. Kröger handelt »mit« der Saison. Zerres handelt »gegen« die Saison, obwohl das eigentlich nicht nach seinem Geschmack ist: »Kirschen im Januar, dat ist doch Quatsch!« Trotzdem wird der Restaurantbesitzer, der mit dem Nobel-Porsche von Kassel kommt, um im Februar frische Himbeeren servieren zu können, von Zerres natürlich prompt und liebenswürdig bedient. Wenn er dann weg ist, sagt Zerres bloß mit leichtem, weisen Kopfwiegen: »Die spinnen, die Köche!« Dann klingelt wieder das Telefon. Zum drittenmal seit vier Uhr heute morgen fragt der gleiche Kunde, wieviel zehn Kisten Aprikosen kosten. Zerres wird bald weich geknetet sein, es ist kurz nach fünf.

Peter Mertz macht das seit siebzehn Jahren, hunderte Mal, an jedem Morgen, an dem geschlachtet wird. Seine Bewegungen sind konzentriert und lässig zugleich. Sein Werkzeug: ein Scherapparat, ähnlich dem des Frisörs, nur sehr viel größer und blutverschmiert. Sein Material: Rinderbälge, Pferdebälge. Sein Produkt: enthäutete Rinder- und Pferdebälge. Die Schlachtstraße hat Hochbetrieb. Die Schlachterkolonne, vierzehn Männer in hohen Gummistiefeln, blauweißen Kitteln, arbeitet. Klack. Klack. Klack. Tod in Serie. Tierleichen am Fließband. 50 Stück Großvieh in der Stunde. Akkordarbeit. An Ketten aufgehängt, wandern sie am Band, das unter der Decke der Schlachthalle entlang führt. Rund ein Dutzend Stationen durchlaufen sie, bevor der Metzger, der sie eben vom Viehhändler gekauft hat, letzte Hand an sie legt, hier mal ein Stück Fett wegschneidend, da ein paar verbliebene Haare wegkratzend.

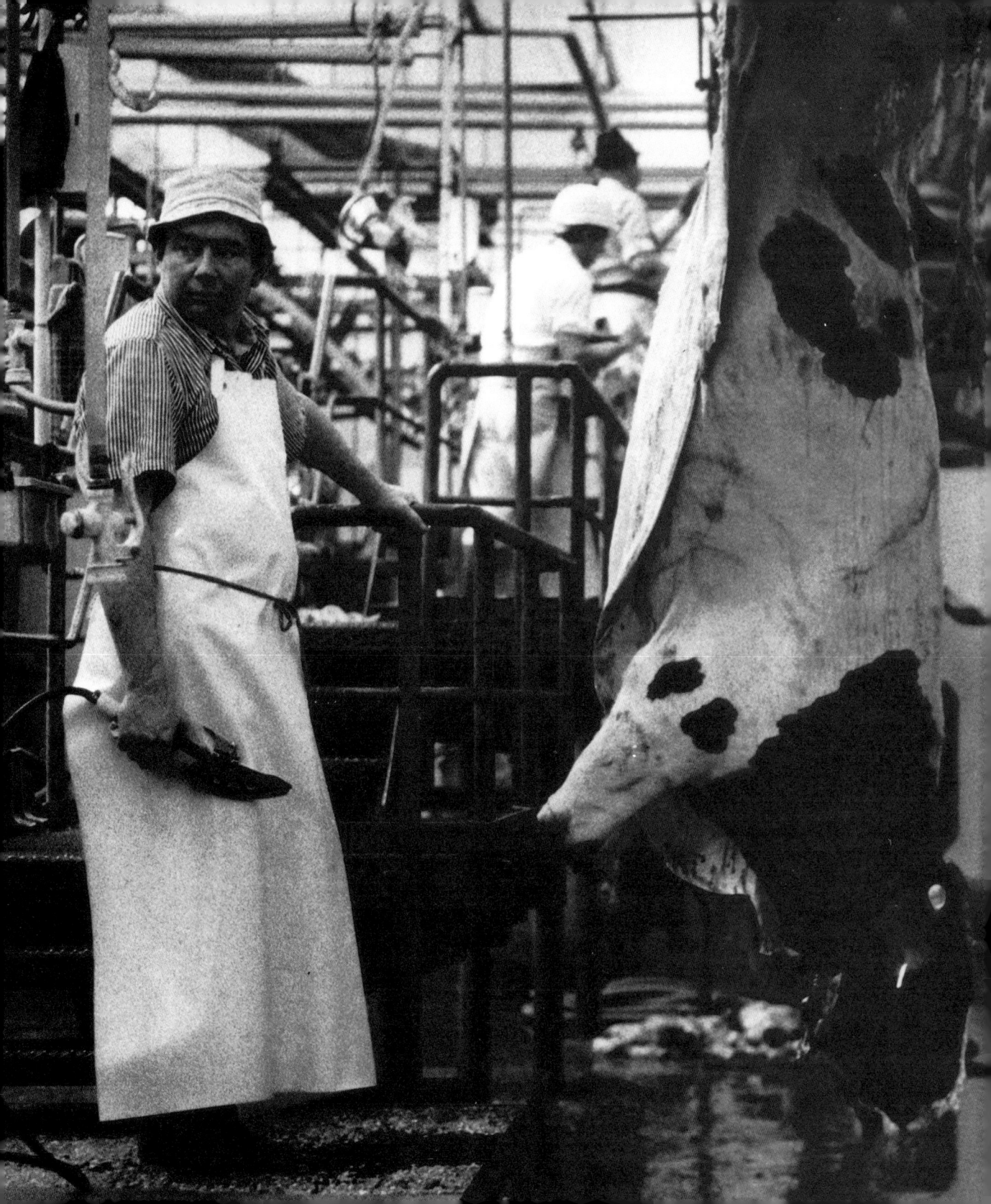

Mertz ist die dritte Station. Vor ihm der Mann, der tötet, dann der, der den Hals aufschneidet und das Blut auffängt. Auch das wird verwendet, als Düngemittel. Dann auf einer Empore dicht unter dem Transportband der Mann, der das oben freischwebende Bein absägt. Wie eine gefährliche Waffe, eine tödliche Hornisse klingt seine Säge. Zack, der Fuß landet im Korb. Unten sägt ein anderer, auf der gleichen Station die Vorderfüße ab. Beide präparieren mit scharfen Messern das Fell, kerben es am Bauch, am After, an den Beinstummeln vom darunter liegenden Fettgewebe ab.

Die nächste Station. Mertz hängt einen Fleischerhaken in das Fell am Hals, der Fleischerhaken hängt an einer Kette an der Winde, und die Winde zieht gemächlich aber unerbittlich das Fell in die Höhe. Mertz kerbt mit seinem Scherapparat nach. So wird verhindert, daß es zu Rissen im Fell oder zu Abrissen vom Muskelfleisch kommt. Fertig. Die Kette strafft sich. Plop! Das Fell überm Schwanz hatte einen letzten Widerstand geleistet. Doch jetzt löst sich die Haut und klatscht auf die Erde. Der nackte Schwanz wippt auf und ab, und es geht weiter.

Hundert mächtige Rinderleiber hängen von der Decke. Köpfe werden abgetrennt. Augen wandern in große Bottiche. Zungen werden herausgeschnitten. Die Leiber werden geöffnet, Eingeweide herausgekramt, sorgfältig getrennt. Übers Fließband wandern die nicht eßbaren Teile in die Kaldaunerei. Veterinäre nehmen Proben, hauen Stempel auf Rinderzungen. Heute ist Schlachttag. Es wird später Nachmittag werden, bis die Schlachterkolonne Feierabend haben wird. Schlächter trinken viel Schnaps.

Die Kellnerin balanciert gleich vier Teller mit Strammem Max in der Linken, drei Kännchen Kaffee in der Rechten, muß sich durch eine Schar eben ins Lokal hereinbrechender schwitzender, schmutziger LKW-Fahrer quetschen. Der Laden ist jetzt voll. Schwankend bringt sie ihre Fracht an den Tisch, an dem Zerres mit drei Freunden tafelt. Das Hauptgeschäft am Großmarkt ist gelaufen. Die Gabelstaplerfahrer sind damit beschäftigt, den Bauch wieder zu leeren, den sie vor ein paar Stunden vollgepumpt haben. Gegen den fahlen und unerbittlich heller werdenden Himmel glimmen die Neonröhren auf dem Platz vor der Markthalle vergeblich an. Es wird Tag. Lieferwagen, Kombis, Kleinlaster werden beladen, die LKW-Ungeheuer dieseln allmählich ab, Richtung Autobahn. Fahrer stapeln die Obstkisten von Paletten auf die Ladeflächen der kleinen Lastwagen. Ein paar Restaurant- und Feinkostladenbesitzer stehen daneben, Hände im Lammfellmantel. Drinnen, am anderen Ende der Markthalle, im Lokal, bestellen die übernächtigten LKW-Fahrer aus Holland Kaffee und Weinbrand. An der Theke hockt ein in der Markthalle alt gewordener Kistenschlepper, sein Lederschurz ist völlig abgewetzt, an den Rändern zerfranst. Er kippt seinen siebten oder achten Frühstücksschnaps. Vor ein paar Jahren noch hätte er hier nicht alleine gesessen. Doch ist die Gattung der tagelöhnernden Kisten-Kulis rar geworden. Auch für die Penner aus der nahen Annostraße, die früher vor der Markthalle Schlange standen, gibt es so gut wie keine Arbeit mehr. Solide und festangestellte Elektrokarren- und Gabelstaplerfahrer haben das leichter gewordene Geschäft übernommen. Am Tisch gegenüber der Theke steckt sich einer die erste Havanna des Morgens an, schlägt im »Express« eine Seite weiter, am kleinen Finger schimmert Platin, blitzt ein Brillant. Der Kistenkuli starrt ins Gläserregal, schiebt den Ellbogen auf die nasse Theke, um festeren Halt zu bekommen. Die Holländer kippen den

letzten braunen Fusel vor der Rückfahrt, Zerres schlürft noch am Kaffee, als Ferdi, sein Fahrer hereinkommt: »Kundschaft!« Noch ist hier nicht Feierabend.

Der Marktmeister schreitet, den Klingelbeutel um den Hals gehängt, die fertig aufgebauten Stände ab und kassiert. Erste Kunden flitzen zielstrebig über den Auerbachplatz. Gertrud Frechen zieht die Markise über ihrem Stand gerade, Schwiegersohn Walter nippt aus einem fingerhutgroßen Plastikbecher ein Schlückchen Korn. Es ist Tag.

Peter Mertz spritzt seine Stiefel und seine Schürze mit einem starken Strahl heißen Wassers sauber. Dann geht er mit seinen Kolonnen-Kollegen zur Kaffeepause in die Schlachthof-Kantine. Nebenan, bei den Metzgern in den Verkaufshallen, wechseln Rinderhälften ihre Besitzer. Schulkinder steigen in Straßenbahnwagen ein.

Zerres steht über sein Schreibpult gebeugt, das Telefon schweigt. Zerres addiert, fährt mit dem Bleistift Zahlenkolonnen ab. Ferdi ist in die Kneipe gegangen, sich »mal eben ein bißchen frisch machen«.

Acht Schläge geben die Glocken von St. Aposteln, ganz oben, ganz verhallt, in den Kölner Himmel. Unten hört man sie kaum, unten ist jetzt Markt. Hier wie überall auf den Kölner Wochenmärkten kommen die ersten Kunden. Schulsirenen schrillen. »Obst und Jemüse, aus dem Vorjebirrje, janz frrrisch!« ruft Gertrud Frechen auf dem Auerbach-Platz in Sülz, die rote Wollmütze keck in die Stirn gezogen. Bald werden Töpfe auf Herde gestellt werden, Fleischstücke sich in Braten verwandeln, Knochen in Kraftbrühen, Selleriestücke, Möhrenscheiben und Porreestangen zu Gemüseeintöpfen werden. »Der Bauch von Köln« entleert sich in Kölner Bäuche.

122

Vom Fähnlein der Verlorenen

Leonce: Valerio! Valerio! Wir müssen was ande-
res treiben. Rate! (. . .)
Valerio: So wollen wir nützliche Mitglieder der
menschlichen Gesellschaft werden!
Leonce: Lieber möchte ich meine Demission als
Mensch geben.
Valerio: So wollen wir zum Teufel gehen!
Leonce: Ach, der Teufel ist nur des Kontrastes
wegen da, damit wir begreifen sollen, daß am
Himmel doch eigentlich etwas sei.

Georg Büchner, Leonce und Lena

Daß Stadtstreicher ein für die Gesellschaft unnützes Dasein fristen, ist ein Vorurteil. Natürlich ist der Umgang mit ihnen häufig lästig. Komme ich bei Gängen durch die Stadt durch ihre Reviere und erwecke dabei für einen Augenblick nicht den Anschein von Eile, schon sind sie da und fordern mit den immer gleichen Sprüchen Zigaretten, Fünfzigpfennigstücke oder gar Regenschirme. So habe ichs mir zur Gewohnheit gemacht, sobald ich eines ihrer bevorzugten Quartiere in der Innenstadt betrete, meinen Schritt zu beschleunigen, um zügig und unnahbar die Gefahrenzone zu durchqueren. Das kostet sinnlose Energie, ist also gesellschaftlich unnütz. Vor zwei Jahren im Mai habe ich dann aber erfahren, daß Penner durchaus nützliche Bewohner einer Stadt sein können, oder besser: sein könnten. Denn im letzten Augenblick ist es dann doch noch anders gekommen.

Ein milder Maiabend stimmt gelassen. Ganz ohne Eile radelte ich über den Wallrafplatz, stellte das Fahrrad vor dem alten Funkhaus ab und ließ das Speichenschloß einrasten. Dort auf den Bänken vor dem Funkhaus sitzen sie immer. Das heißt die, die Publikum brauchen. Zum Beispiel Egon, der silberhaarige Ritterkreuzträger, verzehrt ein Kotelett in Aspik und klärt kauend mit gesenktem Blick, aber dafür lautstark, darüber auf, was alles verkehrt ist in der Welt, und wie er das alles anders machen würde. Egon war an diesem Abend nicht da, dafür drei jüngere Kollegen. Ich wußte schon, in welche Gefahr ich mich damit begeben hatte, gut gelaunt auszuschauen. Aber ich war bereit, die Konsequenzen zu tragen. Als einer der drei die Bierflasche abstellte und sich erhob, da hatte ich die Hand schon an der Zigarettenpackung, noch ehe er sich auf mich zu bewegte. Das war Fehler Nummer eins: »Haste mal 80 Pfennig für mich?« Ich steckte die Zigaretten wieder ein, lächelte und griff zum Portemonnaie. »Ich komme nämlich vom Süddeutschen Rundfunk«, erläuterte er seine Forderung, »davor hab ich im April gesessen.« – »Aha. Und wie kommst du ausgerechnet auf 80 Pfennige?« – »Das ist so 'ne Zahl. Hab ich mir angewöhnt.« Ich gab ihm eine Mark, ohne Wechselgeld zurückzuverlangen. Dadurch fühlte er sich offensichtlich zu einer einleuchtenderen Erklärung für die ungewöhnliche Summe verpflichtet: »80 Pfennig, weißt du, auch weil wir jetzt 1984 haben.« Das war wirklich einleuchtend, und ich ging. Als er sah, daß ich mich aufs Funkhaus zu bewegte, rief er mir noch nach: »Orwell-Jahr!«

Eine Stunde später trat ich wieder auf die Straße und war immer noch gut gelaunt. Das nutzten die Herren natürlich schamlos aus, und ich wurde noch drei Roth-Händle los. Ich drehte den Schlüssel im Fahrradschloß, einmal, zwei-

mal, er war abgebrochen. Meine mangelnde technische Begabung und meine reichlichen Gaben von vorhin führten zur entscheidenden Fehlreaktion: »Könnt ihr mir mal helfen, Freunde?«

Später habe ich mir überlegt, daß, nachdem das Fahrradschloß nicht mehr aufzuschließen war, ich mich sofort zurück zum Funkhaus begeben und es durch einen Seitenausgang hätte verlassen müssen. Doch dazu war es jetzt zu spät. »Klar, Fahrradschloß im Eimer, he?« Mir schwante schon, daß das hier mehr kosten würde als drei Zigaretten. »Fürn Heiermann kriegt ihr das doch wohl auf?« Ein älterer Kumpel erhob sich. Obwohl schwer angetrunken, schaffte er es, während er aus der Jackentasche tatsächlich eine Nagelfeile zog, seinen Bewegungen die überlegene Lässigkeit des erfahrenen Facharbeiters zu geben. Gekonnt setzte er die Nagelfeile am Fahrradschloß an. Dann, urplötzlich, wurde er nüchtern. Bedächtig steckte er die Feile wieder ein, kam aus seiner gebückten Haltung hoch und schaute an mir vorbei in unbestimmte Fernen. Nach einer kleinen Pause sagte er: »Weißt du, was ich an deiner Stelle machen würde?« – »Nee.« – »Ich würde da hinten zur Baustelle gehen, mir 'ne Rohrzange besorgen und …«

In diesem Augenblick wurde mir die Situation klar. Von dem Moment an, wo ich gefragt hatte, »Könnt ihr mir mal helfen?« war mein Fahrrad verloren. Es gab keine Möglichkeit zur Rettung. Sicher, ich hätte es mir auf den Rücken laden und nach Hause tragen können. Aber der schöne Maiabend und der Gedanke an die Schöne, die seit einer halben Stunde im Volksgarten auf mich wartete, ließen mir keine Wahl: »Weißt du was?« sagte ich zu dem mit der Nagelfeile, »ich schenke dir das Fahrrad!« Während ich, weggehend, Abschied nahm von meinem Fahrrad und unsere gemeinsame Geschichte Revue passieren ließ, hallte

126

hinter mir das Lachen der Penner über den Wallrafplatz.

Wie dieses Erlebnis zeigt, ist die Frage nach der Nützlichkeit der Penner nicht leicht zu beantworten. Sie verweigern sich – und das ist eines ihrer wesentlichen Merkmale – den Nützlichkeitsansprüchen der Kosten-Nutzen-Gesellschaft. Andererseits entwickeln sie, ausgegrenzt aus dem bürgerlichen Alltag, symbiotisch allerdings von ihm abhängig, ein eigenes gesellschaftliches System, das bei näherem Hinsehen einen erstaunlich hohen Organisationsgrad aufweist.

Es war ein wunderschöner Sommermorgen, ich hatte gut gefrühstückt und keine Lust zu arbeiten. Also schlenderte ich von der Agneskirche über die Neußer Straße zum Ebertplatz, fuhr die Rolltreppe hinunter und wollte dann wieder hinauf zum Eigelstein. Da sah ich, wie sich im Gebüsch, zwanzig Meter vor mir, ein Bierkasten bewegte. Normalerweise, wenn ich solche Erscheinungen habe, gehe ich weiter und tue so, als wäre nichts gewesen. Aber an diesem Morgen war ich, wie gesagt, in allerbester Verfassung, und so entschloß ich mich, der Sache auf den Grund zu gehen und stapfte ins Gebüsch. Tatsächlich fand ich dort, von einem dichten Wachholderstrauch gegen unbefugte Blicke geschützt, Hugo, der eben damit beschäftigt war, den von mir erspähten und, wie sich herausstellte, wohl gefüllten Bierkasten zu verstecken. Das war ihm nun mißglückt. Ich blieb stehen und beobachtete Hugos Tun schweigend.

In seinen stoppeligen, bläulichen Gesichtszügen stellte sich sofort jenes Mißtrauen ein, das man bei Stadtstreichern – wie bei anderen Alkoholabhängigen – findet, wenn es ums Trinken geht. »Alles klar?« sagte ich und setzte mich auf die betonierte Einfassung der städtischen Grünanlage. Hugo brummte etwas Unverständliches und hielt dann in seinen jetzt nutzlos gewordenen Bemühungen inne, den

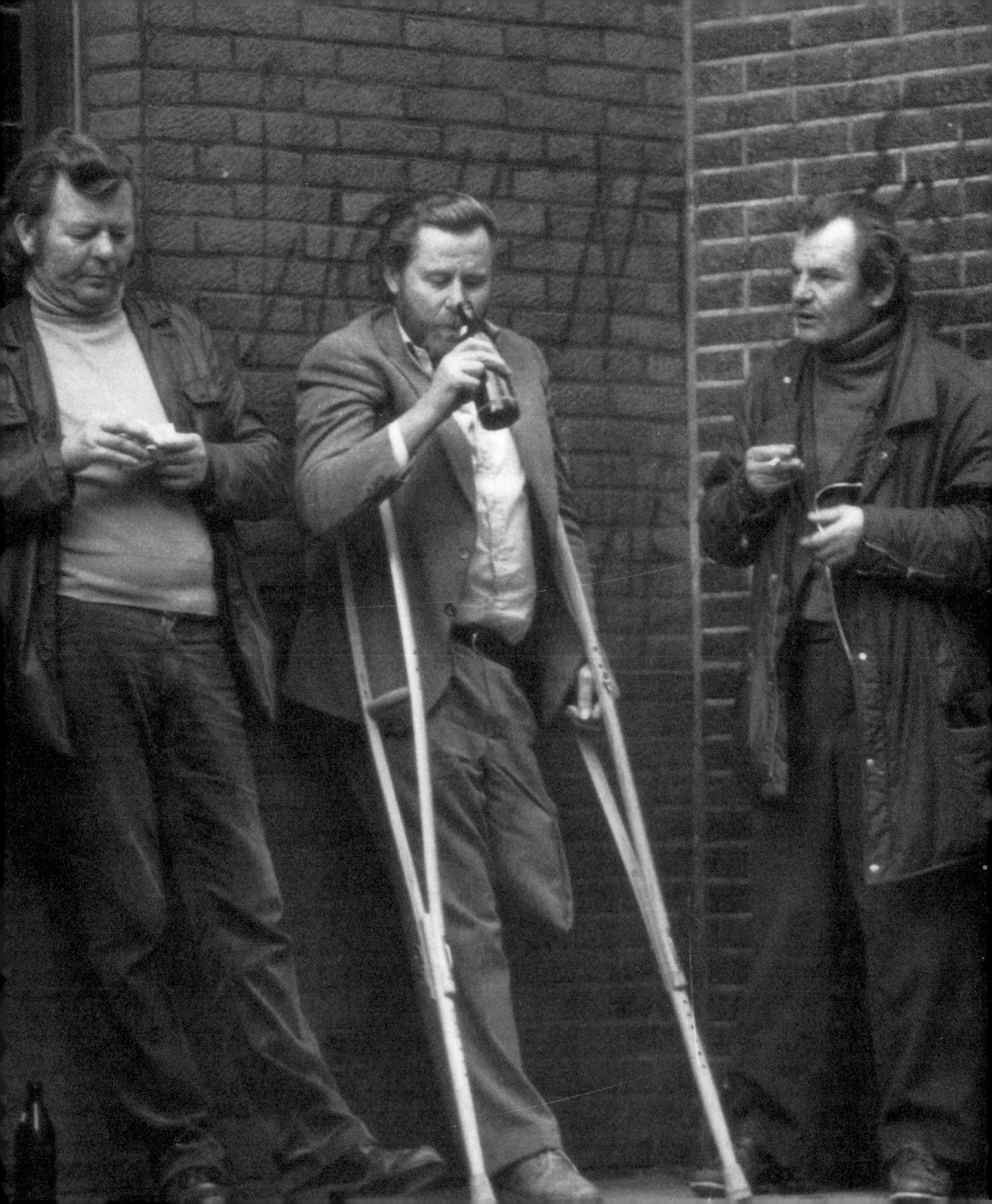

Bierkasten unsichtbar werden zu lassen. »Was haste denn vor?« Hugo sah mich von der Seite an, und dann, statt zu antworten, zog er langsam eine Flasche aus dem Kasten und reichte sie mir: »Willste?« Nun wurde ich mißtrauisch. Hatte Hugo außer dem Bierkasten anderes, vielleicht schlimmeres zu verbergen? Unsinn, er opferte einen Teil, um das Ganze zu retten! Ich nahm das Fläschchen Reissdorf an, und Hugo zückte dienstfertig einen Flaschenöffner. So kamen wir ins Gespräch, Hugo und ich, und später auch die anderen vom Ebertplatz.

Es stellte sich heraus, daß Hugo an jenem Morgen die Rolle des Vorratbewachers zugeteilt bekommen hatte. Jawohl, zugeteilt. Fast wie beim Kommiß gings bei den Pennern vom Ebertplatz zu. Die anderen waren ausgeschwärmt, um die für die ordnungsgemäße Gestaltung des Tages notwendigen Besorgungen zu erledigen, während Hugo den am frühen Morgen gemeinsam organisierten Alkoholnachschub zu sichern hatte. Mir wurde klar, daß das Pennerdasein längst nicht so bequem und unkompliziert ist, wie es für Außenstehende den Anschein hat. Es sieht nur so aus, wenn wir sie irgendwo in Grüppchen herumlungern sehen, als seien sie faul, untätig und arbeitsscheu. Nein! Rastlos sind sie unterwegs. Ihr Tag ist durchzogen von einem engmaschigen Netz von Terminen, Erledigungen, Besorgungsgängen, informellen Treffs und Besprechungen.

Während Hugo den Ebertplatz hielt, waren zwei Kameraden losgezogen, um Nahrungsvorräte zu besorgen. Ein dritter, »die Brill«, ein bärtiger Brillenträger, hatte einen Kontakt zum Pfarrer der Agneskirche und war bei ihm wegen einer kleinen Geldzuwendung für die Tageskasse der Truppe vorstellig geworden. Ein anderer, in Sachen Sozialamt unterwegs, kam erst mittags mit einem Stapel von Formularen zurück. Diese zu würdigen, zu diskutieren und Beschlüsse darüber zu fassen, füllte dann das frühe Nachmittagsprogramm der Gemeinde, bis es Zeit wurde, den nächsten Kasten Bier zu organisieren.

Wie sie den Abend verbrachten, weiß ich nicht. Ich hatte irgendeine Verabredung und kehrte zurück in den chaotischen Alltag der Kleinbürger, in dem niemals etwas wirklich gut organisiert ist. Meine Verabredung platzte, und ich langweilte mich den Rest des Abends vor der Glotze. Seit jenem Tag weiß ich, daß der Anblick herumlungernder Pennergruppen zu falschen Schlüssen verführt. Was sich da für die Augen des eilig Vorübergehenden als faules Nichtstun und träge-verwahrloste Biergeselligkeit darbietet, dahinter verbirgt sich für den Wissenden ein wohldurchdachtes System der Lebenserhaltung und der Lebensgestaltung.

Ich weiß nicht, ob es eine besondere Eigenart der kölschen Penner ist, sich in Gruppen zusammenzutun. Aber daß wir Kölner eine unbedingte Vorliebe fürs Leben in der Geselligkeit haben, ist ja bekannt. Diese Vorliebe überträgt sich sogar auf andere Wesen, die bevorzugt in Gruppen leben. Zum Beispiel auf Spatzen. Vor kurzem stand ich irgendwo an einer Theke. Ein Mann kommt rein, stellt sich zu den anderen Gästen und erzählt ganz beiläufig, er habe gerade vor der Tür einer Taube »gegen den Kopp« getreten. Allgemeine Empörung! Der Wüstling sieht sich zu einer Rechtfertigung gezwungen: »Ich hab die doch bloß erlöst! Die wär doch über kurz oder lang sowieso kaputt gegangen, dat dreckelige Vieh!« Der Unmut an der Theke über seine Untat hielt trotz der Erklärung an. Der Unhold mußte weiter ausholen, mußte an die Eckpfeiler kölscher Wert- und Ordnungsvorstellungen erinnern: »Tauben! Dat ist doch wirklich dat Allerletzte! Habt ihr denn noch nie gesehen, wie die zum Beispiel fressen? Wie die picken?

131

Sowat von gierig! Ein Körnchen aufgepickt und dann direkt mit dem Schnabel nach dem Nachbarn gehackt, damit der nur janichts mitkriegt. Und eso dreckig sind die. Ich meine, die sollten se alle kaputt machen!«

Schweigen an der Theke. Der Taubenfeind fühlt sich bestätigt, holt jetzt aus zu einem Gegenbeispiel: »Aber dagegen die Mösche! Dat sind doch lustige Burschen! Da kommt so ene kleine Spatz angeflogen, sitzt auf einem Strauch, sieht, dat da unten wat zum Fressen liegt. Und wat macht dat Tierchen? Nicht, dat ihr meint, der flög jetzt da herunter und fängt an zu picken! Nein!« Der Vogelkundler macht eine Kunstpause und spitzt die Lippen: »Trilili, trilili, trilili. Da werden die anderen dazugerufen: Kutt erövver, Fründe. He jitt et jet zum Knabbere.« Zustimmendes Schweigen an der Theke. Befriedigt kippt der Spatzenfreund sein Kölsch, stellt es ab und erhebt dann noch einmal seine Stimme zu einer abschließenden Feststellung: »Also Mösche, die sind echt Klasse. Und immer lustig, die Vögelchen. Überhaupt, die Mösch, dat ist für mich der größte Vogel.«

Auf Penner freilich bezieht sich die kölsche Sympathie fürs gesellige Dasein kaum. Vielleicht spüren wir, mit solch einer Klein-Horde konfrontiert, zu sehr das Andere, Fremde. Denn gegen allen Geselligkeitstrieb verbleiben wir Kölner letzten Endes doch am liebsten in unserer Goldschmitts-Jungen-Mentalität: zu sorgen, daß das eigene Schäfchen auf dem Trockenen bleibt. Der, dem es schlecht geht, mit dem es allmählich bergab geht, der erhält unsere gefühlvoll geäußerte Teilnahmslosigkeit und hinter seinem Rücken unseren hämischen Spott. Ist der Abstieg perfekt, der materielle oder psychische Ruin besiegelt, dann schlägt die kölsche Seele wieder zu. Dann wenden wir uns großmütig und bisweilen aufopferungsvoll dem armen Kerl auf

dem Trottoir zu. Dann ist der Abstand schon so groß, daß wir keine Angst mehr zu haben brauchen, uns ginge es auch einmal so schlecht. Wie zum Beispiel vor ein paar Jahren das Herz eines ganzen Viertels einem solchen Penner gehörte. Der wurde versorgt, gehätschelt, in die Badewanne gesteckt, zum Frisör geschickt; kurz: er wurde gründlich resozialisiert und schließlich sogar mit einem eigenen Appartement ausgestattet. Der Stadt-Anzeiger brachte die Story ganz groß, mit Foto. Da saß er vor einer geblümten Tapete, Hände tapfer auf die Knie gestützt und lächelte zaghaft! »Das werde ich meinen Gönnern nie vergessen«, war die Bildunterschrift.

Ein solches Schicksal kann natürlich nur dem einzelgängerischen Stadtstreicher widerfahren, vorausgesetzt, es handelt sich überdies noch um einen ortsgebundenen Menschen. Das heißt um einen, der, umgeben von Bergen von Plastiktüten, Pappkartons und Koffern sich Tag und Nacht an ein und der selben Stelle in der Stadt aufhält. Ein typischer Vertreter dieses Typus saß eines Abends auf einer Bank neben dem »Goldenen Kappes« auf der Neußer Straße vor einer Plakatwand, die, von Woche zu Woche wechselnd, die herrlichsten Verlockungen von Freiheit, Abenteuer und Luxus feilbot.

Die Bank hatte er völlig in Beschlag genommen, über ihre ganze Länge sich wohnlich darauf eingerichtet. Grauhaarig war er, das Gesicht fast ganz verdeckt von einem wuchernden dunklen Bart, aus dem von Zeit zu Zeit witzige kleine Äuglein hervorblitzten. Dieses Aufblitzen der Augen war freilich die einzig feststellbare Aktivität des Mannes auf der Bank. Sonst saß er vollkommen reglos, etwas zur Seite gelehnt da, die Füße halb auf die Bank gehoben. In dieser Haltung verharrte er Stunde um Stunde. Auf der Bank neben dem »Goldenen Kappes« blieb er,

Tage, Wochen, Monate, einen Herbst, einen Winter, ein Frühjahr. Wenn ich nachts aus dem »Kappes« kam, dann lag er auf der Bank, die Beine angewinkelt, eingehüllt in Jacken, Mäntel, Decken, und über den Kopf hatte er sich zum Schutz gegen das Licht der Laterne ein weiteres Kleidungsstück gezogen. Ein großes, lebendiges Bündel Lumpen. Am Morgen dann wurde die Wohnlichkeit entfaltet, die man auf einer städtischen Bank zustande bringen kann: rechts und links neben ihm, in nachlässiger Ordnung verstreut, Taschen, Koffer, Decken, Mäntel. Manchmal sah es so aus, als sitze er nur da, um diese Schätze zu bewachen. Sein Blick war teilnahmslos nach vorne gerichtet. Niemals folgte der Kopf einem Vorgang auf dem Bürgersteig oder auf der Straße. Oder bedeutete das seltene Aufblitzen seiner Äuglein, daß er auf unmerkliche Weise doch teilnahm am Leben um ihn herum? Vielleicht waren diese Blicke aus dem Hinterhalt des Bartgebüschs der Anlaß für eine der vielen Geschichten, die zuerst im »Kappes« und dann in ganz Nippes über ihn in Umlauf kamen: Bis vor einem Jahr noch, hieß es, sei er Lehrer gewesen. Und dann sei ihm die Frau durchgebrannt. Das hätte er nicht verwunden, wäre immer weiter heruntergekommen, bis er herausgefunden hätte, daß sie jetzt irgendwo in der Mauenheimer oder in der Florastraße lebe. Und dann hätte er sich auf die Bank gesetzt. Ihr leibhaftiges und jammervolles schlechtes Gewissen. Keinen Einkauf könne sie machen, keinen Fuß vor die Tür setzen, ohne an ihre Treulosigkeit gemahnt zu werden. Wahrscheinlich hätte es dieser rührseligen Story gar nicht bedurft, um aus dem bärtigen Lumpenkerl den Liebling von Nippes werden zu lassen. Es dauerte keine zwei Wochen, da pochte das soziale Herz der Nippeser, vor allem das der weiblichen, vernehmlich laut für den Kappes-Penner.

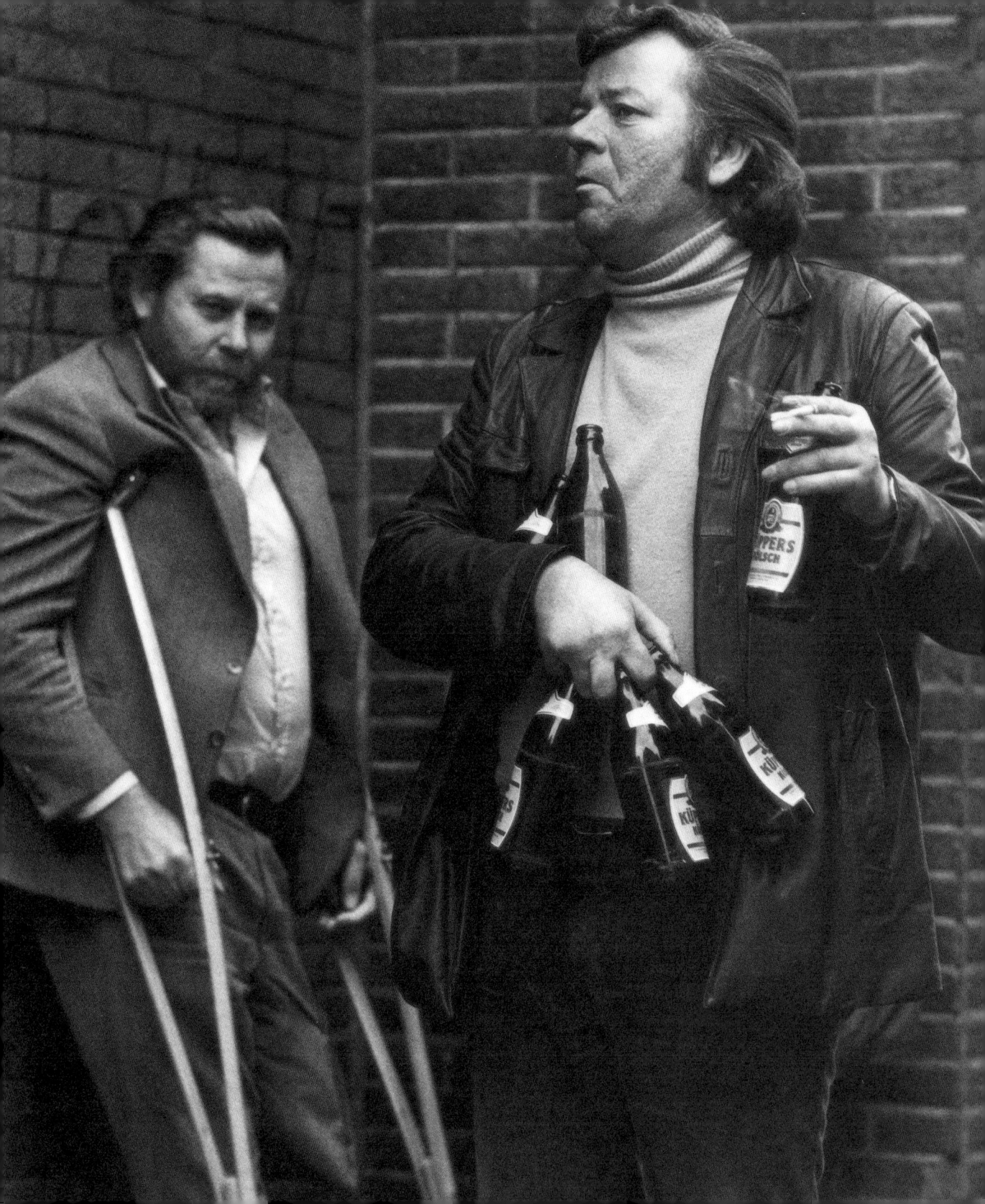

Zuerst sporadisch, dann mit schöner Regelmäßigkeit wurde der Mann versorgt. Unauffällig ließen Hausfrauen Plastiktüten mit Lebensmitteln neben seiner Bank stehen, legten mal ein Päckchen Zigaretten, mal eine Tafel Schokolade dazu. Und der Bärtige wußte sich zu bedanken. Zumindest wußte er sich so zu benehmen, daß die ihm erbrachte Gunst nicht versiegte. Der anrüchige Fusel verschwand aus seiner Hand. Statt einer Flasche Wermouth stand jetzt immer ein nettes Döschen Cola oder Limo in seiner Griffweite. Gegen Abend pflegte er dann, wie der Arbeitsmann zum Feierabend, ein Fläschchen Bier zu trinken, bevor er sich zur Ruhe begab.

Eines Tages aber brach die Katastrophe über den Liebling von Nippes herein. Arbeiter des Grünflächenamtes kamen und zogen ihm seine Bank unterm Hintern weg. Städtische Bänke werden halt irgendwann frisch gestrichen. Ohne festen Wohnsitz mußte sein Leben durcheinander kommen, die fragile Ordnung zusammenbrechen. Hilflos saß er auf einem Betonsockel nahe der Straße, wirr seine Habe um sich gruppiert, verloren. Würde er verschwinden? Nein! Als ich abends noch einmal an ihm vorbeikam, war von hilfreichen Nachbarn, denen die Not des Mannes wohl zu Herzen gegangen war, alles wieder in Ordnung gebracht. Der Penner saß wieder vor der Plakatwand wie immer. Nur nicht auf der langen weißen städtischen Bank sondern auf einem bequemen altmodischen Wohnzimmersessel.

Zugegeben, meine Angst vor Pennern ist trotz vieler Begegnungen mit ihnen nicht geringer geworden. Ich meine nicht die Angst davor, daß sie mich anbetteln könnten. Ich meine die Angst, selbst, sechs durchgeschlissene Jacken übereinandergezogen, mit schmutzigen Fingernägeln, blauer Trinkernase und triefenden Augen, eines Tages auf einer städtischen Bank zu sitzen und mit zitternden Fingern aus den letzten Tabakkrümeln eine Zigarette drehen zu müssen. Ein Stück Penner steckt vielleicht in jedem. Wahrscheinlich gibt es für den, der einmal Penner ist, keinen Trost mehr, gibt es nur noch den Gedanken ans Überleben. Aber wenn ich wieder einmal denke: So wie der, so könntest du auch einmal aussehen, dann tröste ich mich mit dem Wissen, auch das Überleben kann gut organisiert, kommunikativ gestaltet und mit einer Tafel Schokolade von einer Nippeser Hausfrau versüßt werden.

Freitags kommt der Klüttenmann

Mama, der Mann mit dem Koks ist da.
Ja wer hat denn den Mann mit dem Koks bestellt?
Ich hab kein Geld, du hast kein Geld.

Wenn es freitags morgens bei Frieda und Gerdi Riedel in der Ehrenfelder Wahlenstraße klingelt, kann das nur einer sein: der Klüttenmann! Jeden Freitag, winters wie sommers, schleppt Christian Sybertz den beiden alten Damen die Klütten in den dritten Stock. Im Winter, wenn es besonders kalt ist, muß er viermal mit einem Zentner auf dem Rücken die Treppen hoch, im Sommer bloß einmal. Klütten sind für die zwei Schwestern ein Lebenselixier: Klütten wärmen ihnen nicht nur die beiden Zimmerchen unterm Dach, auf Klütten kann man auch kochen, und Gerdi und Frieda tun das, jeden Tag, solange sie zurückdenken können. Und wenn sie zurückdenken, dann führt sie ihre Vorstellung in jene Zeit, in der Klütten sehr, sehr rar waren und in der sogar ein kölscher Kardinal seinen Namen hergab — für das Klauen des »schwarzen Goldes«. Aus dieser Zeit, in der nichts so wichtig und nichts so knapp war wie Klütten, stammt der geradezu mythische Stellenwert, den viele Ältere noch den Briketts zumessen. War im November vergangenen Jahres in einer Zeitungsmeldung von »Engpässen bei Rheinbraun« und »Lieferschwierigkeiten der Kohlenhändler« die Rede, prompt spannten sich Dutzende von Kölnern vor rasch aus den Kellern gekramte Leiterwägelchen, schoben Sackkarren, mit einem Wort: Katastrophenstimmung! Und das alles nur, um beim Klüttenmann um die Ecke »die letzten Briketts«, wie sie glaubten, ergattern zu können.

Kohlen, Klütten, Koks, Briketts, Uneingeweihte glauben vielleicht, das wäre alles das gleiche. Aber so einfach ist das ganz und gar nicht! Die Sprache, vor allem die kölsche, macht da feine, also gewichtige Unterschiede, und bevor jetzt weiter vom Klüttenmann und seiner Bedeutung die Rede ist, muß wohl geklärt werden, wie der Stoff denn genau heißt, mit dem er handelt.

Zunächst: Kohlen sind keine Klütten! Frieda und Gerdi Riedel würden es mit Empörung zurückweisen, wenn man behauptete, sie heizten und kochten mit Kohlen. Nein, sie stecken Klütten in den Ofen. Klütten sind Briketts. Briketts sind aus Braunkohle gemacht. Kohle ist Koks. Koks ist aus Steinkohle und kostet dreimal soviel wie Briketts. Briketts sind sozusagen die Kohlen des kleinen Mannes. Ganz abgesehen vom unerschwinglichen Preis, paßt Koks nicht in jeden Ofen. Nicht, daß er zu vornehm für Riedels alten Küchenofen wäre, nein, aber der Koks würde die Herdplatte im wahrsten Sinne des Wortes zur Weißglut bringen, und sie würde auseinanderplatzen. Koks hat einen fünfmal höheren Brennwert als Briketts, und eben das macht Koks so teuer. Ein paar Schaufeln Koks in den entsprechenden Ofen, und er brennt stundenlang. Briketts dagegen muß man häufig nachlegen, dafür sind sie aber auch billig.

140

Leute, für die die regelmäßige Versorgung mit Briketts mit zum wichtigsten im Alltagsleben gehört, sind die Hauptkundschaft von Christian Sybertz. Mit seinem Vetter Willi Sassenfeld betreibt er seit den frühen fünfziger Jahren die Kohlenhandlung Sassenfeld auf der Weinsbergstraße in Ehrenfeld, gleich hinter dem Melaten-Friedhof. Wenn Sybertz mit seinem Klüttenwagen durch Ossendorf, Bikkendorf und Ehrenfeld schaukelt, darf er weder Hut noch Mütze aufhaben. Obwohl das seinen blonden Haaren gut täte, wenn er eine Kopfbedeckung trüge, fiele ihm bald der Arm ab, so oft müßte er sie grüßend vom Kopf nehmen. Hier, in den Vierteln um die Venloer Straße, kennt ihn fast jeder.

Klütten geben nicht nur im Ofen eine wohlige Wärme ab, Klütten schaffen auch lebenslange Vertrauensverhältnisse, Freundschaften gar. Bei einem Stoff, der für viele Menschen hier noch eine so wichtige Bedeutung hat, ist es klar, daß der Händler dieses Stoffes eine zentrale Figur ist. Daß er ein korrekter, ein ehrlicher Händler ist, ist eine der Voraussetzungen seiner Beliebtheit. Korrekt heißt hier: bei ihm ist ein Zentner ein Zentner. Seine Zentner sind keine kölschen Zentner! Anders: ein kölscher Zentner ist kein Zentner! Oder noch deutlicher: Ein Händler, dem man nachsagen kann: »Dä hätt noch nie ene Zentner em Sack jehatt!« erfreut sich keiner großen Beliebtheit.

Klar jedenfalls ist, daß bei den harten Konkurrenzkämpfen, die die zweiundsiebzig kölschen Klüttenhändler sich liefern, bei manchem der Zentner einfach keine fünfzig Kilogramm wiegen kann. Denn egal ob sie von ihren Kunden dreizehn Mark neunzig, dreizehn Mark zehn oder auch zwölf Mark fünfundachtzig nehmen, beim Monopolisten Rheinbraun zahlen alle Klüttenhändler, ob groß oder klein, den gleichen Preis. Wer weit unter dreizehn Mark

anbietet, der hat entweder eine soziale Ader, oder ... Des Klüttenmanns Ehrlichkeit ist freilich nur eine der Voraussetzungen seiner Beliebtheit. Ebenso wichtig ist auch, wie regelmäßig er kommt, und wie pünktlich er ist. Seine Zuverlässigkeit spielt vor allem für die ärmeren Leute eine wesentliche Rolle. Für die Leute nämlich, die es sich nicht leisten können, sich im Juli oder August mit einem Rutsch hundert Zentner Winterbrand – und sei's zum Sommerpreis – in den Keller schütten zu lassen. Sie müssen darauf bauen können, daß der Klüttenmann pünktlich jede Woche oder alle zwei Wochen eine neue Lieferung bringt.

Zum Beispiel die Frau Schall in der Leostraße, die kann nach dem Klüttenmann Sybertz die Uhr stellen, so pünktlich stellt der ihr seit zwanzig Jahren alle vierzehn Tage die drei Bündel Brikett sauber im Hof unter eine Plastikplane. Das ist nämlich das Tolle am Klüttenhändler Sybertz, daß der auch Bündel liefert, obwohl die natürlich etwas teurer sind als die losen Klütten in Säcken. Aber die Frau Schall hat keinen Keller und die Briketts wild auf dem Hof herumliegen haben, will sie nicht. Aber nicht nur wegen der Bündel und der Zuverlässigkeit des Herrn Sybertz hängt das Herz der alten Frau Schall am Klüttenmann. Sybertz ist überdies der letzte und einzige, der ihr rät, auf keinen Fall den Kohleofen und den Küchenherd abzuschaffen, wie es der Hausbesitzer will, der überall im Haus schon Anschlüsse fürs Erdgas hat legen lassen. Eisern und nur mit ihrem Klüttenmann im Rücken verteidigt die Frau Schall ihre Klütten, erstens, weil es überhaupt nichts billigeres gibt und zweitens, weil sie halt immer schon mit Klütten gekocht und gestocht hat.

Ende März, Anfang April ist die Klüttensaison zu Ende. Sobald die ersten frühlingswarmen Sonnenstrahlen den Asphalt wärmen, sparen die Leute an den Klütten, egal wie kalt es in den Zimmern noch sein mag. So sitzen dann die zweiundsiebzig kölschen Klüttenmänner in ihren warmen Büros, reiben sich die Hände, wenn im Fernsehen von einer »kleinen Zwischeneiszeit« die Rede ist, zählen das im Winter hart verdiente Geld, trinken Kaffee und warten auf die nächste Saison, die im Juli mit der Einkellerung für den Winterbrand beginnt. Rechnungen oder gar Mahnungen brauchen sie nicht zu schreiben, Klütten werden in Köln seit alters her bar bezahlt.

Nachwort

»Vom Alltag kann man nicht erzählen«, hieß es in einer der Veröffentlichungen, die vor rund zehn Jahren das Alltägliche als diskussionswürdiges Thema wiederentdeckten. Der Alltag: tägliches Einerlei, in dem das Morgen so wie das Gestern ist, steter Rhythmus des Immergleichen, immergleiche Orte, Menschen, Gewohnheiten. Da gibt es nichts mit Neuigkeitswert, nichts was zu erzählen eigentlich sich lohnte. Wird dennoch vom Alltag erzählt, ist das ein Zeichen, daß etwas mit ihm nicht stimmt, daß das Alltägliche problematisch geworden ist. Der Verlust des »alten Alltags« wird beklagt, der Verlust der Feste, die den Alltag gliederten und ihn gleichzeitig bestimmten.

Der Alltag gilt also nicht mehr als etwas Fragloses, Unproblematisches, etwas, worüber es nichts zu erzählen gäbe. Es ist offensichtlich geworden, daß der »alte Alltag«, so wie er in der Erinnerung jedes einzelnen lebt, nicht mehr existiert. Wir sind dabei, seine Reste museal zu horten. Wir lauschen aufmerksam seinem Todesröcheln, Unverbesserliche versuchen, ihn künstlich zu beatmen, seine Bruchstücke zu kitten.

Das Auseinanderbrechen des alltäglichen Gefüges läßt sich vielleicht an seiner räumlichen Dimension am deutlichsten zeigen, ist sozusagen stadtarchitektonisch nachvollziehbar. In manchen der alten Kölner Stadtviertel, deren gewachsene Sozialstrukturen den Zweiten Weltkrieg zunächst überlebt hatten, sieht es auf den ersten Blick so aus, als wäre der Alltag hier noch eine Einheit: Beruf, Gewerbe, Handel, Arbeit einerseits scheinen kaum getrennt vom übrigen, vom Kochen, Essen, Ruhen, von Klaaf und Flirt. Solche Einheit ist aber nur solange möglich, solange es Kleingewerbe im Viertel gibt, solange hier Schuster, Schreiner, Elektromonteur und Kunstschmied arbeiten und leben, solange kleine Händler tägliche Anlaufstationen sind, solange es überhaupt Orte gibt, an denen man sich trifft, wo Nachbarliches und Geschäftliches, Privates und Öffentliches, Arbeit und Müßiggang, Produktion und Reproduktion verwoben sind zu einer Einheit.

Die moderne Stadtarchitektur mit ihrer auf politischen Eindruck und maximalen Profit zielenden Sanierungspolitik, die hinter künstlich erhaltenen Gründerzeitfassaden unbezahlbare Appartements errichtet, sie ist nicht der einzige, sie ist aber der entscheidende, der Todesstreich gegen den »alten« Alltag. Die Stadtarchitektur vollendet die Trennungen, die Berufsleben und soziales Leben ohnenhin schon in den Alltag der Leute bringen. Sie vollstreckt diese Trennungen massiv, definitiv. Sie separiert nach Wohnungen, Häusern, Straßen, Bezirken; hier einer für die Alten, da einer für die Armen, dieser für die Studenten, der für die Superreichen, jener für die Kinderreichen. Der Weg dahin wird geebnet, indem zunächst das Gewerbe an die Peripherie der Stadt verbannt wird. So, vom »Gröbsten« gesäubert, können die Innenstadtviertel ihrem speziellen Zweck zugefügt werden: hier verwalten, da verwalten, dort Einkaufen en gros, da en detail und vom Feinsten.

In der Pfeilstraße zum Beispiel verschwinden im Laufe der 70er Jahre Gemüsehändler, Handwerker und Tante Emma-Läden und werden durch teure Boutiquen verdrängt. Den Rahmen für solche Verdrängung stecken natürlich die Stadtplaner in den Ämtern und im Rat. Solange nämlich in der benachbarten Brinkgasse ein quasi öffentliches Bordell beheimatet war, war das Viertel zu »Besserem« nicht zu gebrauchen. Mit der Verbannung der Prostitution in ein Ghetto an der Innenstadt-Peripherie und Bebauungsplänen, die aus Ehren- und Friesenstraße

150

Fußgängerzonen und Einkaufspassagen machen, waren die Schranken geöffnet für die soziale Aufrüstung des ganzen Viertels. Wenn Kleingewerbe, Kleinhändler und Büdchen verschwunden sind, billiger Wohnraum für Alte, Außenseiter, Arme und Ausländer vernichtet ist, dann stirbt das, was hier früher einmal Alltag war, dann stirbt ein einstmals lebendiges Stadtviertel, wird seiner bunten Menschenvielfalt beraubt und wird zum sterilen Ghetto für die, die es sich leisten können.

Wenn der »alte« Alltag im Sterben begriffen ist, warum dann noch die vorliegenden Reportagen? Weshalb noch von Alträuchern und Klüttenmännern erzählen, wenn es sie eigentlich schon nicht mehr gibt? Warum über einen Arbeitersportverein berichten, dessen große Zeit mehr als zwanzig Jahre zurückliegt? Fügt sich das nicht zu einem falschen Bild von vergangener heiler Welt? Ist nicht alles erzählen vom Alltag, so, wie er einmal war, bereits eine Konzession an die Biedermeierlichkeit der gegenwärtigen Verhältnisse?

Das Verschwinden dieses Alltags ist ein Zeichen für das Anwachsen gegenseitiger Fremdheit der Menschen. Sie bleiben sich fremd, auch wenn sie Haus an Haus, Tür an Tür leben, weil der Alltag sie nicht mehr zusammenführt, ihnen keine Orte, keine Gelegenheiten mehr bietet, Alltägliches miteinander zu sprechen, sich überhaupt kennenzulernen. Der »neue« Alltag der Anonymität befreit allerdings den Einzelnen aus dem alltäglichen Regelwerk, bietet den Individuen mehr Spielraum, vielleicht auch größere Entfaltungsmöglichkeiten. Niemand schaut mir scheel nach, wenn ich mein Feierabendbier nicht immer in der gleichen Eckkneipe trinke, den Wirt nicht grüße, nicht immer beim gleichen Gemüsehändler einkaufe. Keineswegs kann mich der »neue« Alltag verpflichten, dem

151

Nachbarn mal eben beim Teppichbodenlegen zu helfen, weil er mir während des Urlaubs die Blumen gegossen hat. Der »neue« Alltag befreit die Einzelnen von kollektiven Einbindungen, entbindet sie aus stillschweigenden Übereinkünften und unausgesprochenen Verpflichtungen.

Bleibt die Frage, ob sie diese Freiheit nutzen wollen. Ob sie sie überhaupt nutzen können. Nicht jeder ist in der Lage, unverbindlich mit jedermann oder auch niemandem umzugehen. Das fällt deshalb schwer, weil solcher Umgang auf keinerlei vorgegebenen Bahnen verläuft, keine vorfindbaren Formen benutzen kann, weil es keine Orte gibt, die ihn regeln könnten. Das Regellose des »neuen« Alltags ist der Grund für die Schwierigkeit davon zu erzählen. Allenfalls kann man von Einzelheiten berichten. Der »neue« Alltag, das sind die hunderttausend Einzel-Alltage von hunderttausend Individuen. Der »neue« Alltag hat eben noch kein Gerüst von Verkehrsformen, die sich als solche beschreiben lassen. Deshalb muß der, der sich dem Alltag nähern will, immer noch mit dem »alten« Alltag, dem Alltag der aussterbenden Verkehrsformen, der vergehenden Viertelsgemütlichkeit, beginnen.

Zugegeben: er wird sich dabei in Gefahr begeben. In den Bereich des Sentiments, das am Alten, Vertrauten hängt, es aufbewahren möchte und es deshalb verniedlicht, beschönigt und so tut, als wäre es noch die gute alte, die intakte Welt. Dem jedoch, der sich das Raunen verkneift, wird jeder genauere Blick und jede präzisere Erkundung sogleich zeigen, daß von der »Idylle« nicht viel geblieben ist. Die Leute, denen der Klüttenmann jeden Freitag noch die Briketts bringt, sind eine aussterbende Gattung, und die Tage, an denen Frau Berg im Fenster liegt und mit der Nachbarschaft klaat, sind ebenso gezählt wie die, an denen Jüppchen noch den Weg vom Altersheim in die Kneipe schafft, um da von seinen Heldentaten zu erzählen. Aber es gibt sie noch: die Orte und die Menschen des »alten« Alltags. Und um sie herum organisiert sich noch eine Menge Leben. Ihnen sich zuzuwenden, führt nicht unbedingt zum idyllischen Bild eines verlorenen goldenen Zeitalters. Denn eben weil noch Leben in den überkommenen Formen vergehender Alltagskultur ist, läßt sich, indem man sie beobachtet und beschreibt, viel über die Umorganisation des Alltags in Erfahrung bringen. Der Alltag als Einheit von Arbeit und Freizeit, Spannung und Entspannung, Regelung und Entregelung ist unwiderruflich dahin. Doch man kann hoffen, daß sich gerade um die Reste dieses Alltags, in einem Viertel, in dem Kommunikation noch möglich ist, produktive Möglichkeiten eines befriedigenden Weiterlebens im Alltag versammeln. Deshalb sollte man viel daran setzen, diese Orte zu erhalten.

Bildnachweis

AP   – Almuth Pöhner
HGM – Hans Günther Meisenberg
PM   – Peter Meisenberg
UG   – Uli Grohs
UK   – Ute Kutschke